普通高等教育"十三五"规划教材

新工科建设之路 · 计算机类规划教材

C 语言程序设计
上机实验与习题解答
（第 2 版）

蔺德军　贾小珠　主　编

高长铎　夏方道　副主编

侯东昌　赵希梅
刘　堃　孙林学　参　编
强文萍

电子工业出版社

Publishing House of Electronics Industry

北京 · BEIJING

内 容 简 介

本书是《C语言程序设计》（第2版）（ISBN 978-7-121-37953-6）的配套教材，内容包括实验、主教材课后习题答案解析、部分实验答案解析。实验部分针对 C 语言的相关知识点，从简单到复杂，精心组织实验过程。每个实验大约需要 2 学时，实验练习从简单的示例开始，逐步提高难度。完成实验，也就掌握了重要知识点的内容。习题答案解析部分给出了主教材中全部习题的答案及必要的解析。部分实验答案解析之所以未给出全部答案，是希望读者可以通过独立思考、上机练习有效提高编程能力，因此，本书只包含部分"难题"答案。

本书适合作为大学"C语言程序设计上机实验"课程的教材，以及 C 语言爱好者的自学教材，也适合作为二级 C 语言考试的参考用书。

图书在版编目（CIP）数据

C 语言程序设计上机实验与习题解答 / 蔺德军，贾小珠主编. —2 版. —北京：电子工业出版社，2020.3
ISBN 978-7-121-37954-3

Ⅰ. ①C… Ⅱ. ①蔺… ②贾… Ⅲ. ①C 语言－程序设计－高等学校－教学参考资料 Ⅳ. ①TP312.8

中国版本图书馆 CIP 数据核字（2019）第 251454 号

责任编辑：戴晨辰
印　　刷：三河市君旺印务有限公司
装　　订：三河市君旺印务有限公司
出版发行：电子工业出版社
　　　　　北京市海淀区万寿路 173 信箱　邮编：100036
开　　本：787×1 092　1/16　印张：12.5　字数：320 千字
版　　次：2015 年 11 月第 1 版
　　　　　2020 年 3 月第 2 版
印　　次：2023 年 1 月第 7 次印刷
定　　价：38.00 元

前　言

学习计算机语言，在计算机上编写程序进行练习是至关重要的。本书旨在帮助读者进行上机练习，由浅入深，逐步引导学生学习 C 语言的相关知识。

本书引导学生从第 1 题开始做起，逐题提升，最后便可掌握全部内容，因此建议读者按次序阅读本书，并逐题练习。

翻看答案，功效减半！学习和教学的经验告诉我们，编程学习锻炼的就是逻辑思维能力，只记住别人写的一段代码，编程能力不会提高。学习编程，需要我们自己去摸索、尝试。

C 语言程序可在 VC++ 6.0（推荐）、Dev-C++（或 Dev-Cpp）、VC++ 2010 等环境下调试。VC++ 6.0 使用最为普遍，可以在 Windows 2000、Windows XP、Windows 7 下运行；Dev-C++占用空间较小，也可以在 Windows 2000、Windows XP、Windows 7 下运行；VC++ 2010 比较庞大，可在 Windows 7 下运行。本书所有示例均在 Visual C++ 6.0 环境下调试通过。

本书的配套主教材为《C 语言程序设计》（第 2 版）（ISBN 978-7-121-37953-6）。相关教学资源读者可登录华信教育资源网（www.hxedu.com.cn）免费下载。

本书由蔺德军负责总体筹划。蔺德军负责实验 11、12、19 的编写；贾小珠负责实验 2、3、4 的编写；高长铎负责实验 17、18 的编写；夏方遒负责实验 5、6、7 的编写；侯东昌负责实验 8、9 的编写；赵希梅负责实验 13、14 的编写；刘堃负责实验 10、15、16 的编写；孙林学负责实验 1、20、21 的编写。附录 A 和附录 B 由强文萍负责编写。

本书的编写还得到了姜彬、刘晓洁、张云红、郑世秀、朱威同、姜山、臧嵘、杨金宝等C 语言专家的耐心指导和大力支持，在此表示感谢。

由于编者水平有限，书中难免有疏漏和错误，还望广大读者批评指正，共同进步。

编　者

目　录

实验 1　操作环境与过程

1.1　实验目的

1. 学习如何在 VC++ 6.0 环境中编写 C 语言程序。
2. 学习如何在 VC++ 6.0 环境中编译、链接和运行 C 语言程序。

1.2　实验预习

1. 熟悉文字的编辑修改。
2. 熟悉 C 语言程序的基本结构。
3. 熟悉 C 语言注释的表示方法。
4. 理解 C 语言源程序转换为可执行代码的过程。

1.3　使用 VC++ 6.0 上机实验

【步骤 1】选择"开始"→"程序"→"Microsoft Visual Studio 6.0"→"Microsoft Visual C++ 6.0"（简称为"VC++ 6.0"）菜单命令，进入 VC++ 6.0。VC++ 6.0 界面如图 1.1 所示。

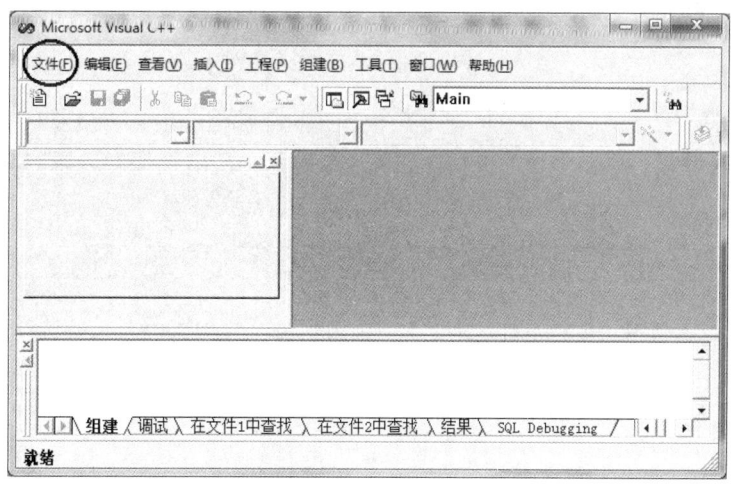

图 1.1　VC++ 6.0 界面

【步骤 2】选择"文件"→"新建"菜单命令，打开"新建"对话框，选择"文件"选项卡下的"C++ Source File"，如图 1.2 所示。

【步骤 3】选择保存文件的位置，并输入文件名（如图 1.2 所示），扩展名可以省略，系统将自动添加扩展名.cpp，单击"确定"按钮。在程序编辑区输入源程序，如图 1.3 所示。

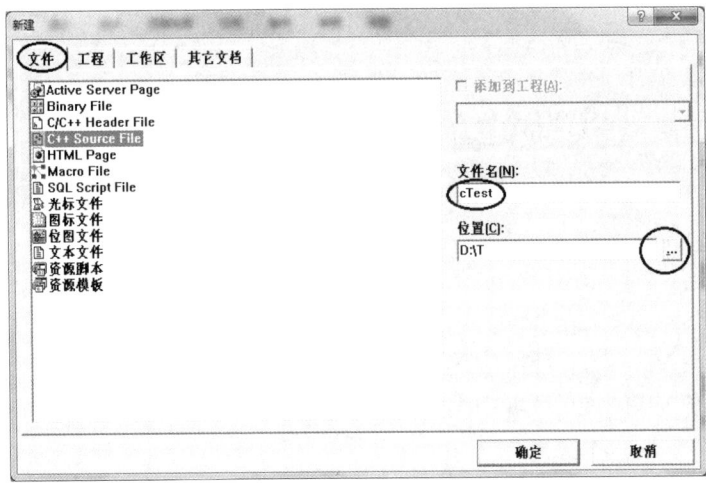

图 1.2　"新建"对话框

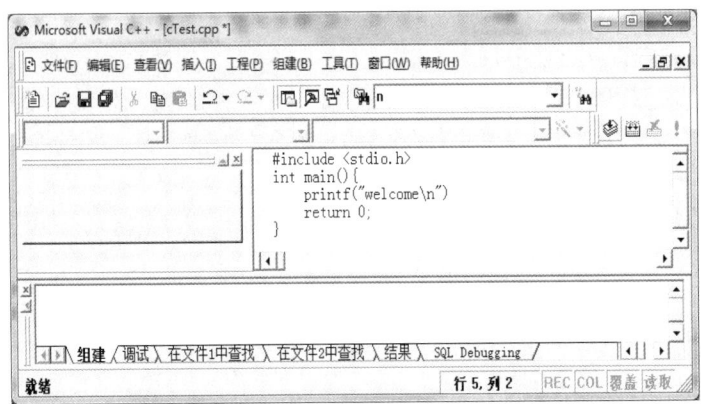

图 1.3　输入源程序

【步骤 4】选择"组建"→"编译"菜单命令，编译源程序，如图 1.4 所示。第 1 次编译会出现建立工作区请求，单击"是"按钮，如图 1.5 所示。在出现保存请求时单击"是"按钮，如图 1.6 所示。

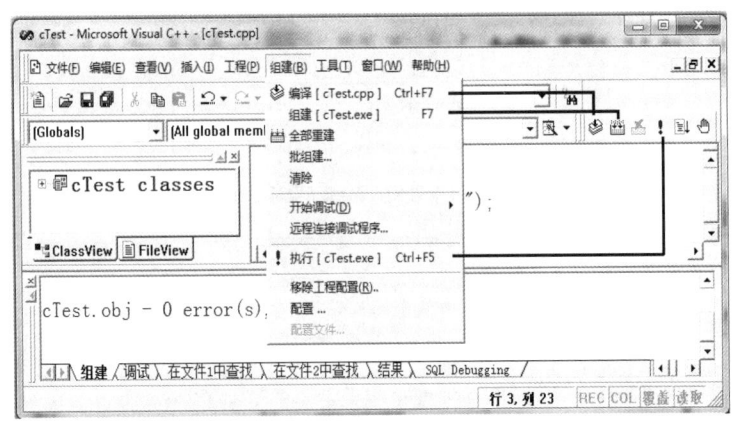

图 1.4　"编译"菜单命令

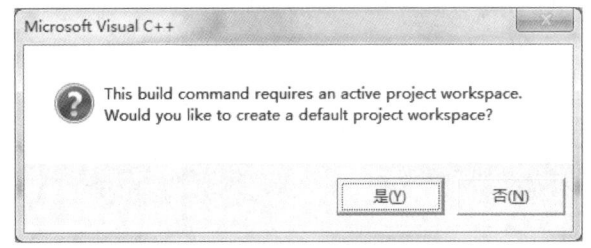
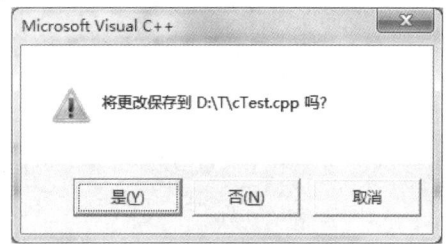

图 1.5　建立工作区请求　　　　　　　　　　图 1.6　保存请求

【步骤 5】编译后查看下面输出窗口有无错误指示。若有，则根据窗口内的提示进行修改。例如，若源代码中语句缺少结束符号 ";"，则会出现如图 1.7 所示的错误提示信息。

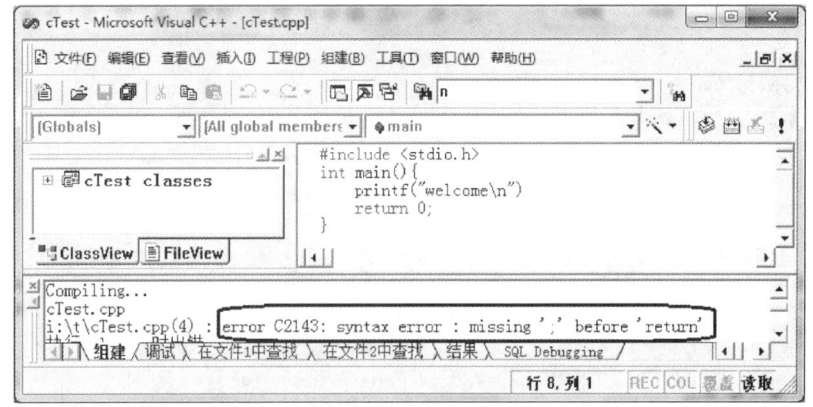

图 1.7　错误提示信息

【步骤 6】改正后重新编译，直至出现 0 个错误提示后，选择 "组建" → "组建" 菜单命令，进行链接。若有错，则修改，双击错误提示信息，代码区将用箭头指出错误位置；若无错，则可以选择 "组建" → "执行" 菜单命令开始运行程序，随后查看结果，如图 1.8 所示。若结果有错，则修改程序，重复上面的过程。

【步骤 7】在编译、链接过程中也可以使用工具栏按钮，如图 1.9 所示。可以不选择编译，直接选择执行。系统将自动先进行编译、链接，然后执行。

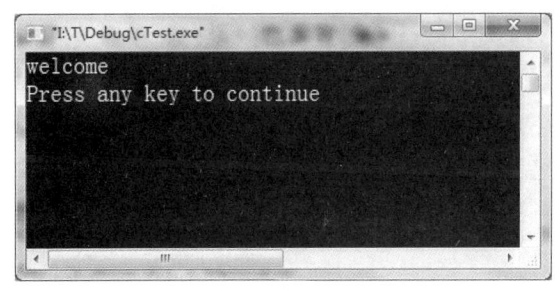
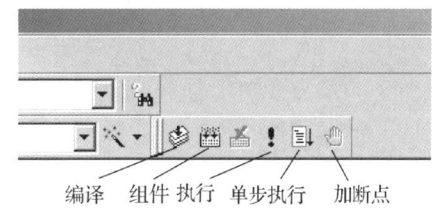

图 1.8　查看结果　　　　　　　　　　图 1.9　工具栏按钮

【步骤 8】选择 "文件" → "关闭工作空间" 菜单命令可关闭当前文档窗口和工作空间，开始下一个程序，如图 1.10 所示。

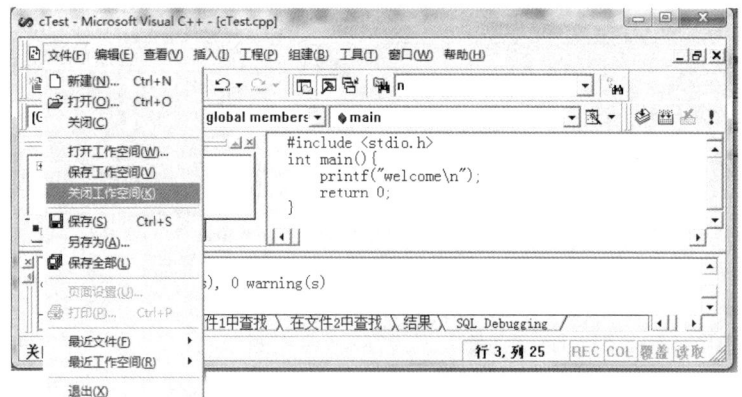

图 1.10　关闭工作空间

1.4　使用 Dev-C++上机实验

【步骤 1】执行 Dev-C++后会出现如图 1.11 所示界面。

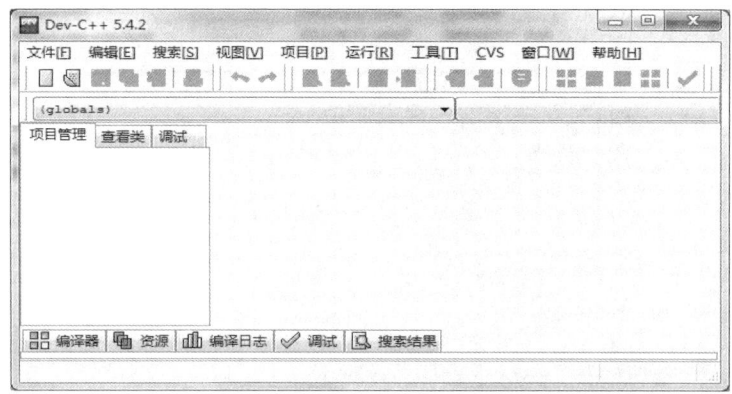

图 1.11　界面

【步骤 2】选择"文件"→"新建"→"源代码"菜单命令，输入源代码，如图 1.12 所示。

图 1.12　输入源代码

【步骤 3】选择"运行"→"编译"菜单命令或单击对应按钮，如图 1.13 所示。

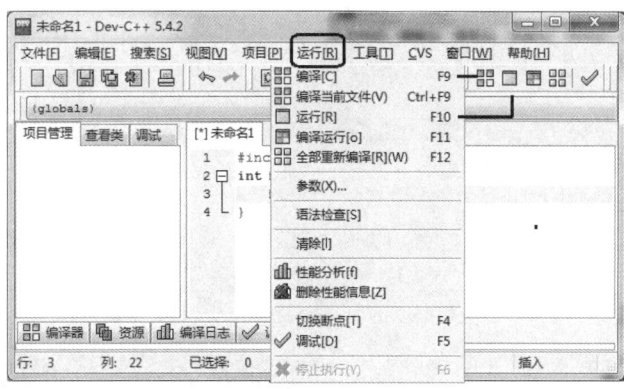

图 1.13   "编译"菜单命令

【步骤 4】在弹出的询问对话框中单击"Yes"按钮，如图 1.14 所示。在打开的"保存文件"对话框中选择文件保存的位置，并输入文件名，如图 1.15 所示。

图 1.14   询问对话框   图 1.15   "保存文件"对话框

【步骤 5】若发现错误，则修改错误后重新编译，如图 1.16 所示。

【步骤 6】直到没有错误后，选择"运行"菜单命令或单击相应按钮（如图 1.13 所示），查看运行结果，如图 1.17 所示。

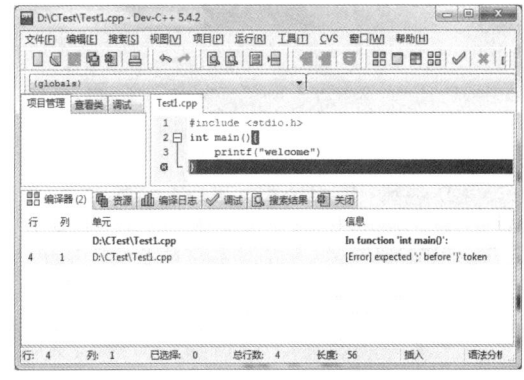

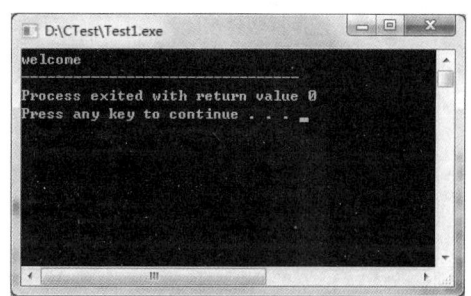

图 1.16   发现错误   图 1.17   查看运行结果

【步骤 7】一个程序调试完成后，选择"文件"→"全部关闭"菜单命令。

1.5   使用 VC++ 2010 上机实验

【步骤 1】选择"文件"→"新建"→"项目"菜单命令，如图 1.18 所示。

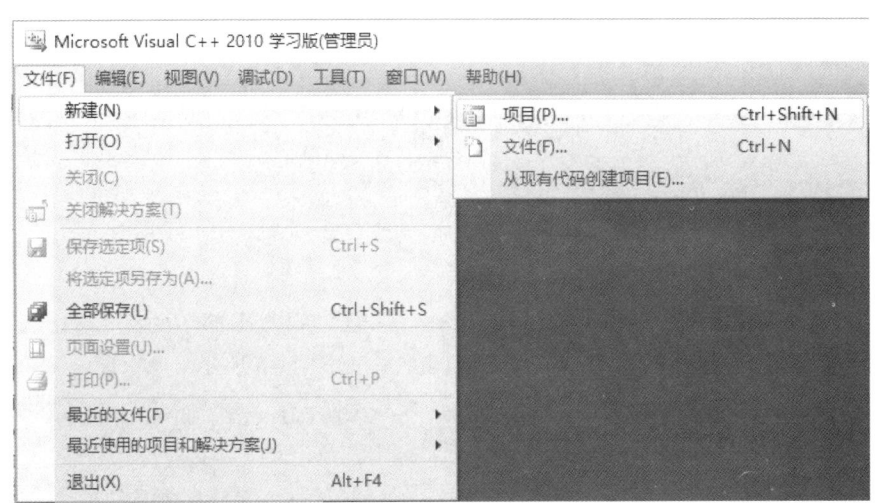

图 1.18   "项目"菜单命令

【步骤 2】在"新建项目"对话框中选择"Visual C++"→"Win32"→"Win32 控制台应用程序"，设置好项目名称和位置后，勾选"为解决方案创建目录"复选框，单击"确定"按钮，如图 1.19 所示。

图 1.19   "新建项目"对话框

【步骤 3】在打开的对话框中单击"下一步"按钮，如图 1.20 所示。
【步骤 4】勾选"空项目"复选框并单击"完成"按钮，如图 1.21 所示。

图 1.20 　单击"下一步"按钮 　　　　　　图 1.21 　勾选"空项目"复选框并单击"完成"按钮

【步骤 5】在"解决方案资源管理器"窗格中，右击"源文件"，选择"添加"→"新建项"，如图 1.22 所示。

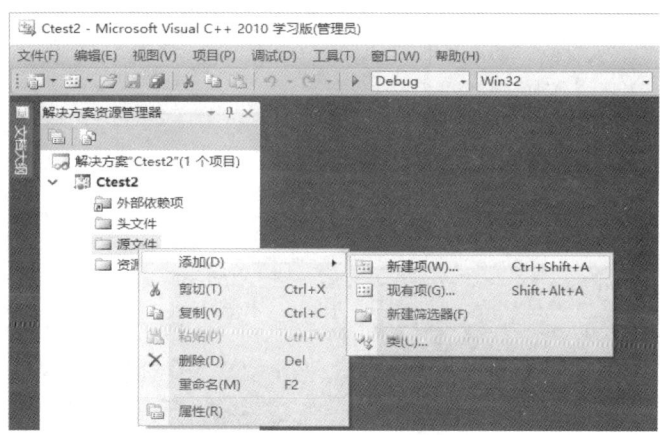

图 1.22 　添加新建项

【步骤 6】选择添加 C++文件并输入文件名称，扩展名必须是.c 或.cpp（默认为.cpp），如图 1.23 所示。

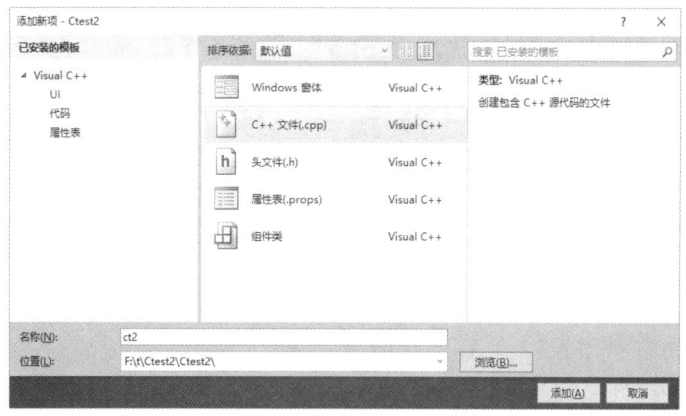

图 1.23 　选择添加 C++文件

【步骤 7】输入代码，如图 1.24 所示。输入完代码后，可选择以下 3 种方式调试程序。

（1）选择"调试"→"生成解决方案"菜单命令。

（2）选择"启动调试"菜单命令或单击"启动调试"按钮。

（3）按 Ctrl+F5 组合键。

这 3 种方式的区别是：第 1 种方式仅进行编译和链接，需要程序员单击"启动调试"按钮才能执行 exe 文件；第 2 种方式在编译和链接后，若成功，则自动执行 exe 文件；第 3 种方式除完成第 2 种方式的功能外，在执行结束时会自动暂停，使程序员能看到输出内容。调试窗口如图 1.25 所示。

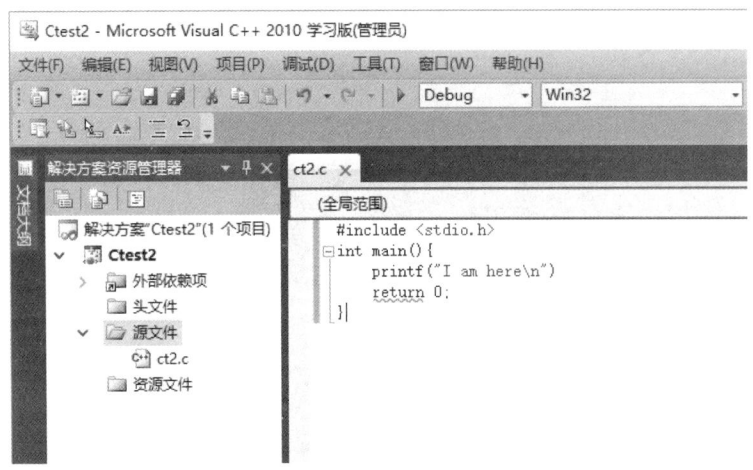

图 1.24　输入代码

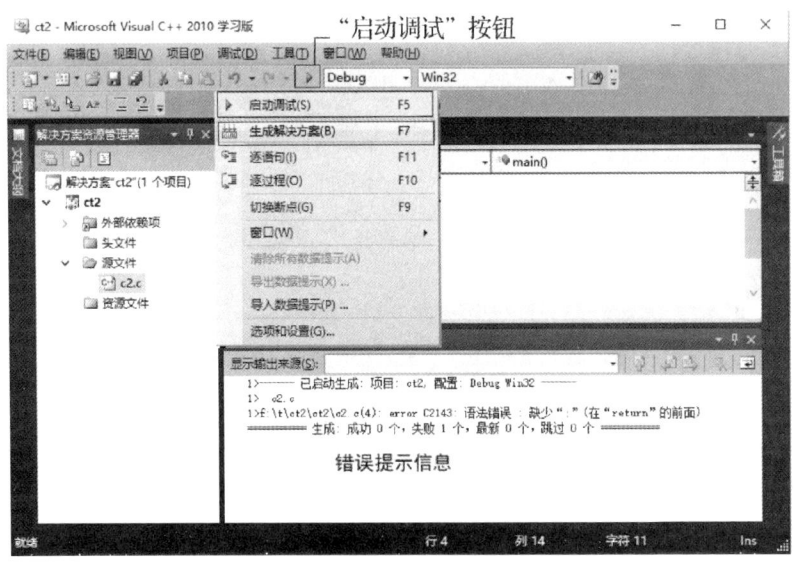

图 1.25　调试窗口

【步骤 8】如果产生了错误，则在修改错误后，再次运行。但是，令人遗憾的是运行结果一闪而过，没有"请按任意键继续"的等待信息。因此，如果想看到结果，则需人为地在主函数末尾添加 getchar();语句，利用等待输入的时间查看结果，看完后按任意键结束执行过程；

另一种更为简便的方法是，按 Ctrl+F5 组合键运行，会自动暂停，就可以看到输出结果，如图 1.26 所示。

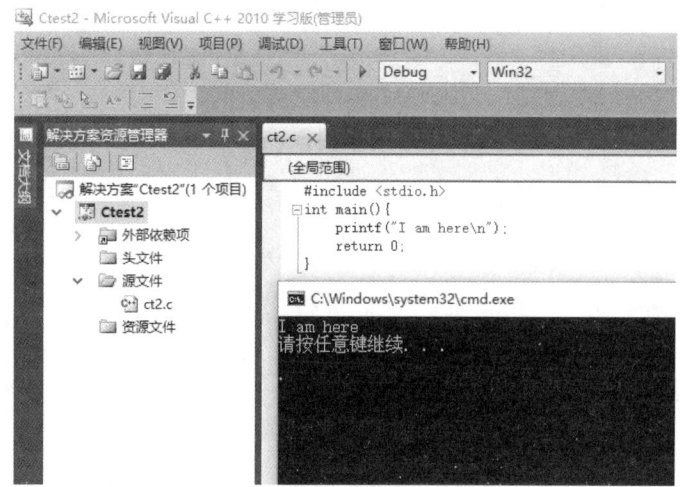

图 1.26　按 Ctrl+F5 组合键可看到输出结果

1.6　编译时常见错误

写完程序后，先要进行编译，大量的语法错误会在此时出现，常见的语法错误有以下几种。

（1）Cannot open include file:

嵌入文件打不开，#include 后的文件名拼写错误。

（2）syntax error: missing ';'

缺少分号或有多余的"}"。

（3）newline in constant

常量跨行，一个常量写到多行内，实际上可能是漏写了一个""""。

（4）unexpected end of file found

未发现文件结尾，缺少"}"或"{}"不配套。

（5）unknown character

错用了中文标点，特别是从别处复制的源文件可能有不可见的中文字符，建议在英文状态下输入代码。

（6）×××:undeclared identifier

出现不认识的关键字，一般是变量名未声明，或使用了函数，却没嵌入头文件。

1.7　链接时常见错误

一个程序经过编译后没有出现错误，仅表示没有语法错误，但在链接时可能会出现错误，链接时的常见错误有以下三种。

（1）unresolved external symbol _main

无法找到 main 函数，一般是写错了 main 函数名，大多数写成了 mian 函数。

（2）_main already defined in ×××

main 函数已经存在，但在一个程序中出现了多个 main 函数。

通常出现这种情况的原因是，写完程序后，没有关闭工作空间，又建立了新文件，导致一个程序，两个文件，都有 main 函数。解决办法是，打开工作空间的文件页面，删除一个不需要的文件，如图 1.27 所示，单击选中要删除的文件，按 Delete 键删除。

（3）cannot open Debug/×××.exe for writing

无法写入 Debug/×××.exe 文件，原因是上次执行程序的 Console 窗口未关闭，程序处于执行状态。

解决办法是直接关闭该窗口，如果关闭比较困难，可以选择把编译器关闭后再重新打开，或者按 Ctrl+Alt+Del 组合键，找到运行的程序进程，强行关闭程序进程，如图 1.28 所示。

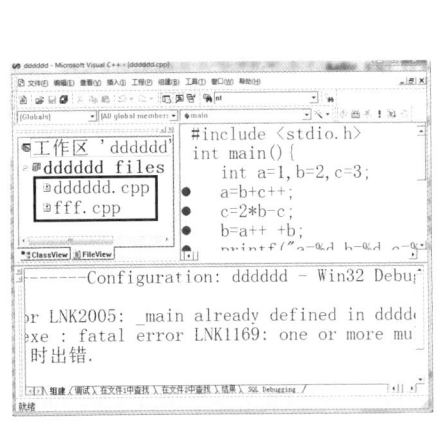
图 1.27　删除一个不需要的文件

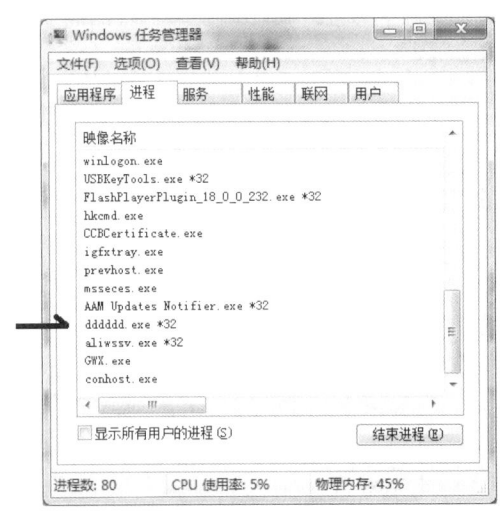
图 1.28　强行关闭程序进程

1.8　执行时常见错误

（1）弹出系统错误提示框，如图 1.29 所示。操作系统不同，出现的情况可能不同。例如，在 Windows 10 下无错误提示，仅终止执行，错误的原因通常是内存侵犯错误，把数据写入了不属于本程序的内存空间，常见的情况如下。

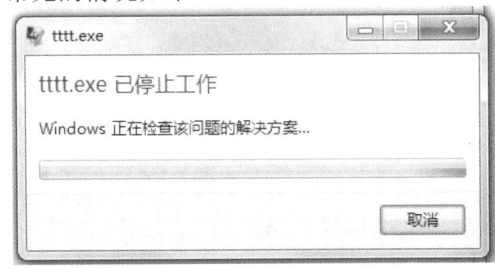
图 1.29　系统错误提示框

① scanf 语句缺少&符号。

② 访问数组越界。

③ 使用了野指针。

（2）没有错误提示，只是光标在闪动。

通常可能原因如下。

① 有输入语句没有输入足够的数据。

② 有死循环。

③ 程序执行需要时间较长。

1.9　常见错误及注意事项

（1）双击错误提示信息，可以使光标出现在错误代码所在的行，加快错误定位。

（2）缺少";"错误往往定位显示在下一行，因为 C 语言语句是可以跨行的。

（3）注意，一个程序在调试完成后，一定要选择"文件"→"关闭工作空间"菜单命令关闭工作区，否则在一个项目内会出现两个 main 函数，无法通过链接操作。

（4）Dev-C++编译器只认识 int main()，不认识 void main()。因此，如果写成后者将不能通过编译。

实验 2　数据类型与输入/输出

2.1　实验目的

1. 了解不同变量类型占据物理空间的大小。
2. 学习使用 scanf()和 printf()函数进行输入和输出操作。

2.2　实验预习

1. 熟悉 scanf()和 printf()函数的参数格式。
2. 熟悉 scanf()和 printf()函数中不同数据类型的控制符。
3. 预先完成实验内容部分的填空和程序编写。

2.3　实验内容

1. 运行下面的程序并写出程序的输出结果。变量 a、b、c 的输出值是否相同？为什么？

```
#include <stdio.h>
int main(){
    char a=0x12345678;
    short b=0x12345678;
    long c=0x12345678;
    printf("%hx,%hx,%x\n",a,b,c);
}
```

输出：＿＿＿＿＿＿＿＿＿＿＿＿＿＿

解释：＿＿＿＿＿＿＿＿＿＿＿＿＿＿

2. 运行下面的程序并写出程序的输出结果，解释 ch2 的输出。

```
#include "stdio.h"
int main() {
    char ch1,ch2;
    ch1=getchar();
    ch2=getchar();
    printf("\n*****ch1=%c,%d*****\n",ch1,ch1);
    printf("\n*****ch2=%c,%d*****\n",ch2,ch2);
}
```

输入：a<回车>

输出：＿＿＿＿＿＿＿＿＿＿＿＿＿＿

解释 ch2 的输出：＿＿＿＿＿＿＿＿＿＿＿＿

3. 改正程序中的错误，使程序能输出正确结果（即输入和输出相同）。

```c
#include <stdio.h>
int main(){
    float a;
    scanf("%d",a);
    printf("a=%f\n",a);
}
```

4. 运行下面的程序，注意结果是否正确。若不正确，应怎样改？

```c
#include <stdio.h>
int main(){
    double a;
    scanf("%f ",&a);
    printf("a=%lf\n",a);
}
```

5. 运行下面的输出语句，观察输出结果的异同点。

```c
#include "stdio.h"
int main() {
    printf("%+5d\n",42);
    printf("%05d\n",42);
    printf("%#o\n",42);
    printf("%f\n",123.4567);
    printf("%12.2f\n",123.4567);
    printf("%e\n",123.54);
    printf("%16.2e\n",123.4567);
}
```

6. 填空完成程序，写出正确的数据序列输入形式。

```c
#include "stdio.h"
int main(){
    _____ a,b,c,d;
                                    //要求 a 赋 3.12，b 赋 9.0，c 赋 10.0
    scanf("a=%f,b=%f,c=%f",&a, &b, &c);
    d=2*a+b*c;
    printf("a=%f,b=%f,c=%f,d=%f\n",a,b,c,d);
}
```

正确的数据序列输入形式：_____

7. 试分析下面程序的输出结果。

```c
#inc#include "stdio.h"
int main(){
    unsigned short int a=65535;
    short int b=-1;
     long c=a,d=b;
    printf("a=%hd,%hu,%hx,c=%d,%u,%x\n",a,a,a,c,c,c);
    printf("b=%hd,%hu,%hx,d=%d,%u,%x\n",b,b,b,d,d,d);
}
```

输出：_____

8．编写程序，实现输入圆柱体的底面半径和高，输出其体积（C 语言中的乘号为*）。

9．编写程序，实现用十进制数方式输入一个整数，分别用无符号方式、八进制数方式、十六进制数方式输出。例如，输入 23，输出 23,27,17。

10．编写程序，实现输入一个英文字符，输出这个字符的 ASCII 码。例如，输入 A，输出 65。

11．编写程序，实现输入两个整数 x 和 y，交换它们的值并输出。

12．编写程序，实现输入一个 double 类型的数，通过加入输出的长度控制，进行输出。输出格式总长度为 12 位，保留小数点后两位，对小数点后第 3 位进行四舍五入处理，空格位置用 0 填充。例如，输入 12.3456，输出结果为 000000012.35。

2.4　常见错误及注意事项

（1）注意 scanf()中需要的是地址列表，不要忘记**&**。错误示例：

```
int a; scanf("%d",a);
```

（2）用 scanf()、printf()分别输入、输出不同数据类型，需要不同的格式字符，否则结果可能错误。错误示例：

```
float a=3;printf("%d",a);
```

（3）格式字符个数和顺序一定要与后面地址列表或表达式列表匹配，否则结果错误。错误示例：

```
printf("%d",a,b);
```

（4）当格式控制串中没有"，"时，则输入数据不能用"，"间隔。错误示例：

```
scanf("%d%d",&a,&b);
输入 2,3<回车>
```

（5）scanf()中不能有\n，否则按回车键不能把数据送进键盘缓冲区。错误示例：

```
scanf("%d\n",&a);
```

（6）不同数据类型的精度和表达范围不同，编写程序时注意选择合适的数据类型。错误示例（计算圆的面积）：

```
int s=3.14*r*r;
```

实验 3   运算符与表达式

3.1   实验目的

1. 掌握各种运算符。
2. 理解表达式的概念。
3. 熟悉各种运算符的优先级。
4. 熟悉常用数学函数的使用。

3.2   实验预习

1. 记忆各种运算符的作用及优先级。
2. 预先完成实验内容部分的填空和程序编写。

3.3   实验内容

1. 运行下面的程序并写出程序的输出结果。

```c
#include <stdio.h>
int main(){
    int a,b,c;
    a=7/2;
    b=7+5%2;
    c=4^2<<7-3;
    printf("a=%d,b=%d,c=%d\n",a,b,c);
}
```

输出：＿＿＿＿＿＿＿＿＿＿＿＿＿
2. 运行下面的程序并写出程序的输出结果。

```c
#include <stdio.h>
int main(){
  int a=-7,b;
  b=~a+1;
  printf("%d\n",b);
}
```

输出：＿＿＿＿＿＿＿＿＿＿＿＿＿
3. 运行下面的程序并写出程序的输出结果。

```c
#include <stdio.h>
int main(){
```

```
    int i=1,a,b;
    a=i++;
    b=a++;
    printf("a=%d,b=%d,i=%d\n",a,b,i);
}
```

输出：＿＿＿＿＿＿＿＿＿＿＿＿＿＿

4. 运行下面的程序并写出程序的输出结果，分析第 2 行输出错误的原因。

```
#include <stdio.h>
int main(){
    float f=5.75;
    printf("%d,%f\n",(int)f,f);
    printf("%d,%f\n",f,f);
}
```

输出：＿＿＿＿＿＿＿＿＿＿＿＿＿＿

错误原因：＿＿＿＿＿＿＿＿＿＿＿＿＿

5. 运行下面的程序并写出程序的输出结果，分析 a、b 的值为何不同？

```
#include <stdio.h>
int main(){
  int a,b,c,d;
    c=(a=(2,3));
    d=(b= 2,3 );
    printf("a=%d,b=%d,c=%d,d=%d\n",a,b,c,d);
}
```

输出：＿＿＿＿＿＿＿＿＿＿＿＿＿＿

解释：＿＿＿＿＿＿＿＿＿＿＿＿＿＿

6. 运行下面的程序并写出程序的输出结果。

```
#include <stdio.h>
int main(){
  int a=6;
    a+=a-=a*a;
    printf("a=%d \n",a);
}
```

输出：＿＿＿＿＿＿＿＿＿＿＿＿＿＿

7. 先分析下面程序的输出，然后执行程序，对照自己的计算结果查看是否正确，若不正确，则找出错误原因。

```
#include <stdio.h>
int main(){
    int a=0,b=1,c=2,d=3;
    b=a++&&c++;
    d=a++||++c;
    printf("a=%d,b=%d,c=%d,d=%d\n",a,b,c,d);

}
```

输出：_____

8．先分析下面程序的输出，然后执行程序，对照自己的计算结果查看是否正确，若不正确，则找出错误原因。

```c
#include <stdio.h>
int main(){
    int x,a;
    x=(a=3,6*a);
    printf("%d,%d\n",a,x);
    x=a=3,6*a;
    printf("%d,%d\n",a,x);
}
```

输出：_____

9．先分析下面程序的输出，然后执行程序，对照自己的计算结果查看是否正确，若不正确，则找出错误原因。

```c
#include<stdio.h>
int main(){
    int a,b,c,d,e,f,g;
    a=5&&7;
    b=5&7;
    c=5|7;
    d=5^7;
    e=4<<1;
    f=-4>>1;
    g=~2;
    printf("%d,%d,%d,%d,%d,%d,%d\n",a,b,c,d,e,f,g);
}
```

输出：_____

10．下面程序是输入直角三角形两条直角边的长度，并输出其面积。试输入 2.5 和 3.6，改错后，写出正确输出。

```c
#include <stdio.h>
int main(){
    float a,b,s;
    scanf("%f%f",&a,&b);
    s=1/2*a*b;
    printf("%f\n",s);
}
```

输出：_____

11．下面程序的功能是输入三角形的三条边，输出其面积。试输入 3、4、6，写出输出值。

```c
#include <stdio.h>
#include <math.h>
int main(){
```

```
      float a,b,c,s,area;
      scanf("%f%f%f",&a,&b,&c);
      s=(a+b+c)/2;
      area=sqrt(s*(s-a)*(s-b)*(s-c));   /* sqrt()求平方根的函数 */
      printf("a=%7.2f,b=%7.2f,c=%7.2f\n",a,b,c);
      printf("area=%8.3f\n",area);
  }
```

输出：_____

12．编写程序，实现读入小写字母，输出对应的大写字母。

13．编写程序，实现输入直角三角形的斜边长和一个锐角的度数，输出其面积。

14．编写程序，实现读入三个整数给 a、b、c，交换它们的值（把 a 中原来的值给 b，把 b 中原来的值给 c，把 c 中原来的值给 a），然后输出。

15．编写程序，实现把分钟数（整数）换算成用小时和分钟表示，然后进行输出。例如，输入 72，输出"1 小时 12 分"。

3.4　常见错误及注意事项

（1）使用函数要加()，错误示例：

```
y=sin x;
```

（2）注意整数相除结果是整数，错误示例（求直角三角形面积）：

```
s=1/2*a*b
```

（3）数学函数的定义在 math.h 中，使用时要加#include <math.h>。

（4）注意三角函数参数使用的是弧度，错误示例（求 30 度的正弦值）：

```
sin(30)
```

（5）注意逻辑运算符的"短路"现象。

实验 4　顺序结构程序设计

4.1　实验目的

1. 理解顺序结构的含义。
2. 学习加断点，调试程序。
3. 掌握 goto 语句的使用。
4. 巩固前面所学输入、输出及运算操作。

4.2　实验预习

1. 复习前面的内容，查找疑惑，在实验中证实。
2. 找出不能确定结果的练习题进行练习，在实验中证实。

4.3　实验内容

1. 下面程序可实现输入圆的半径，输出圆面积的功能，其中有三处错误，改正后调试通过。

```c
#include <stdio.h>
int main(){
    float r,s;
    s=3.14*r*r;
    scanf("%d",r);
    printf("请输入半径:");
    printf("s=%f\n",s);
}
```

2. 先写出下面程序的输出结果，然后运行验证答案是否正确。

```c
#include <stdio.h>
int main(){
    int a=0,b=1,c=2,d;
    a=b+c;b=a+c;c=a+b;
    d+=a+b+c;
    printf("%d,%d,%d,%d",a,b,c,d);
}
```

输出：_____

3. 运行下面的程序并写出程序的输出结果。

```c
#include <stdio.h>
int main(){
```

```
    char a;
    a='H'-'A'+'0';              // '0'为字符零
    printf("%c\n",a);
}
```

输出：_____

4. 有以下程序，分别输入"27"及"2　7"（2 空格 7）时，写出输出结果。

```
#include <stdio.h>
int main(){
    char ch1,ch2;
    int n1,n2;
    ch1=getchar();
    ch2=getchar();
    n1=ch1-'0';                 // '0'为字符零
    n2=n1*10+(ch2-'0');         // '0'为字符零
    printf("%d\n",n2);
}
```

输入 27 时，输出：_____

输入 2　7 时，输出：_____

5. 写出下面程序的输出结果。

```
#include<stdio.h>
int main(){
    int a=1,b=2,m=0,n=0,k;
    n=b>a;
    k=n&&(m=a);
    printf("%d,%d\n",k,m);
}
```

输出：_____

6. 写出下面程序的输出结果。

```
#include "stdio.h"
int main(){
    int i=5, j=6, x1,y1;
    x1=i++;
    y1=++i;
    x1=j++;
    printf("%d,%d\n",x1,y1);
}
```

输出：_____

7. 写出下面程序的输出结果。

```
#include "stdio.h"
int main(){
    int a=1,b=2,c;
     a++;
s1:  b+=a;
     goto s2;
     a=!b;
     goto s1;
s2:  c=a+b;
     printf("%d\n",c);
}
```

输出：_____

8. 下面程序实现的是输入 5 个整数，输出平均值，要求精确到小数点后两位，请填写空格处语句，然后运行验证。

```
#include <stdio.h>
int main(){
    int d1,d2,d3,d4,d5,sum;
    float  avg;
    scanf("%d%d%d%d%d",&d1,&d2,&d3,&d4,&d5);
    sum=_____;
    avg=_____;
    printf("%14.2f\n",avg);
}
```

9: 用条件运算符编写程序，实现输入三个整数，输出最大值。

10. 编写程序，实现输入三角形的两条边 a、b 的长度和夹角 alpha，输出其第三条边的长度。

11. 已知两种温度的换算公式 $C=(5/9)(F-32)$，试编写程序，输入华氏温度 F，输出摄氏温度 C。

12. 对下面程序加断点进行调试，写出执行到各语句前的断点时，a、b、c 的值各是多少。

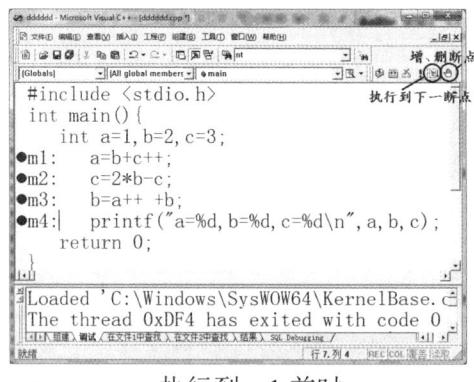

a=_____, b=_____, c=_____, 执行到 m1:前时；

a=_____, b=_____, c=_____, 执行到 m2:前时；

a=_____, b=_____, c=_____, 执行到 m3:前时；

a=_____, b=_____, c=_____, 执行到 m4:前时；

最后输出：_____

4.4　常见错误及注意事项

（1）注意整数除以整数结果为整数，5/9 的结果是 0。

（2）注意%运算符只能用于整数。

实验 5 选择结构程序设计

5.1 实验目的

1. 学习 if 语句的使用。
2. 学习 switch 语句的使用。
3. 进一步熟悉关系运算与逻辑运算。

5.2 实验预习

1. 复习关系运算符和逻辑运算符的使用。
2. 预先完成实验内容部分的填空和程序编写。

5.3 实验内容

1. 写出下面程序的输出结果，并输入数据运行验证。

```c
#include <stdio.h>
int main() {
    int n;
    printf("Please input the score: ");
    scanf("%d", &n);
    if (n < 60)
        printf("不及格\n");
    else
        printf("及格\n");
}
```

输出: _____

2. 写出下面程序的输出结果，并输入数据运行验证。

```c
#include <stdio.h>
int main() {
    int n;
    printf("Please input the score: ");
    scanf("%d", &n);
    if (n >= 0 && n <= 100) {
        if (n < 60)
```

```
        printf("不及格\n");
        else
            printf("及格\n");
    }
    else
        printf("输入分值错误!");
}
```

输出：_____

3. 写出下面程序的输出结果。

```
#include <stdio.h>
int main(){
    int n=0,m=3,x=5;
    if(!n)  x-=1;
    if(m)   x-=2;
    if(x)   x-=3;
    printf("%d\n",x);
}
```

输出：_____

4. 下面程序实现的是输入同学的成绩 score（0～120 之间的一个整数），输出对应等级。对应 score≥90 为"优"，80≤score<90 为"良"，70≤score<80 为"中"，60≤score<70 为"及格"，其他情况为"不及格"。先改正程序中的错误，然后分别输入 100、95、85、75、65、50，进行验证。

```
#include <stdio.h>
int main(){
    int score;
    if(score>=90) printf("优");
    if(score>=80) printf("良");
    if(score>=70) printf("中");
    if(60<=score<70)
        printf("及格");
    else
        printf("不及格");
}
```

5. 有张三一周的学习计划，其周一学习语文，周二学习英语，周三学习数学，剩余时间学习计算机。输入数字 1～7 表示周一到周日，写出下面程序的输出结果，并运行验证。思考应怎样修改程序才符合题意，并在原题上进行修改。

```
#include <stdio.h>
int main(){
    int w;
    scanf("%d",&w);
    switch(w){
    case 1:printf("语文\n");
    case 2:printf("英语\n");
    case 3:printf("数学\n");
    default:printf("计算机\n");
    }
    }
```

输出：＿＿＿＿＿＿＿＿＿＿＿＿

6. 下面两个程序中，else 为哪个 if 的分支？空格处应填写什么输出才符合题意（$a>0$，$b\leqslant0$ 或 $a\leqslant0$），填空并分别输入不同的 a 和 b 的值（2 和 3，2 和-3，-2 和 3，-2 和-3），验证输出是否正确。

```
//程序 1
#include <stdio.h>
int main(){
  int a,b;
  scanf("%d%d",&a,&b);
    if(a>0)
        if(b>0)printf("a>0,b>0");
    else  printf("_____");
}

//程序 2
#include <stdio.h>
int main(){
  int a,b;
  scanf("%d%d",&a,&b);
    if(a>0)
        {if(b>0)printf("a,b>0");}
    else  printf("_____");
}
```

7. 下面程序完成下列功能，输入大写字母则转化为小写输出，输入小写字母则转化为大写输出，对其他字符，如"$"和"#"等原样输出。试运行并判断下面程序的对错，若程序不正确，则修改正确，并分别输入一次大写字母，一次小写字母，一次"#"进行验证。

```
#include <stdio.h>
int main(){
```

```
        char c;
        c=getchar();
        if('a'<c<'z')c-=32;
        if('A'<c<'Z')c+=32;
        putchar(c);
        putchar('\n');
    }
```

8. 输入两个浮点数，一个正数、一个负数，判断两个数是否是相反数（大、小相等，正、负相反的数），例如，输入 5.1、–5.1，则输出"是"；输入 5、–4，则输出"不是"，填空完成程序。

```
    #include <stdio.h>
    int main(){
        float a,b;
        scanf("%f%f",&a,&b);
        if(_____)printf("是");
        else printf("不是");
        printf("\n");
    }
```

9. 有一个分段函数 $y=f(x)$，当 $x<0$ 或 $5<x<10$ 时，$y=2x+1$；在其他情况下，$y=x^2+1$。在空格处添上适当代码，运行程序并输入数据验证。

```
    #include <stdio.h>
    int main(){
        float x,y;
        scanf("%f",&x);
        if(_____)y=x*x+1;
        else y=2*x+1;
        printf("%f\n",y);
    }
```

10. 只使用 if 语句（不使用 else），编写程序，实现输入三个数，输出其中的最大数。

11．有方程 $ax^2+bx+c=0$，编写程序，实现输入 a、b、c 的值，根据 a、b、c 的值判断不同的输出情况。输出结果为"有两个根 $x1=?$, $x2=?$"、"有一个根 $x=?$"或"没有根"。

12．使用 switch 语句编写程序，输入一个人的出生年，输出其生肖属相。例如，输入 1990，输出"马"。

13．使用 switch 语句编写程序，输入同学的成绩 score（0～120 之间的一个整数），输出对应等级。对应 score≥90 为"优"，80≤score<90 为"良"，70≤score<80 为"中"，60≤score<70 为"及格"，其他情况为"不及格"（提示：用 score/10 将一段区间变成一个整数）。

5.4　常见错误及注意事项

（1）判断相等的关系运算符为==，错误示例（判断 a 是否是 0）：

```
if(a=0)
```

（2）if 语句圆括号右侧多加 ";"，导致后面语句不受约束，错误示例：

```
if(a>0) ; b=0;
```

（3）如果 if 控制多条语句，需要用 {} 构造复合语句。

（4）else 语句与其最近的 if 语句匹配。

（5）case 与其后面的常量间应有空格，错误示例：

```
case5:
```

（6）switch 语句中，case 后只能是常量，不能是范围区间，错误示例：

```
case a>5:
```

（7）switch 语句()中的表达式必须为整型。没有 break 语句时，会一直执行到 switch 语句末尾，或直至遇到 break 语句时为止。

实验 6 循环结构程序设计（一）

6.1 实验目的

1. 练习 for 循环的使用方法。
2. 练习 while 循环的使用方法。
3. 理解变量在循环中的累积效应。

6.2 实验预习

1. 了解 for 循环各部分执行的先后次序及执行次数。
2. 了解 while 循环的语法。
3. 预先完成实验内容部分的填空和程序编写。

6.3 实验内容

1. 写出下面程序的输出结果，并运行验证。

```c
#include <stdio.h>
int main(){
    int i;
    for(i=0;i<10;i+=3) printf("%d,",i);
    }
```

输出：＿＿＿＿＿＿＿＿＿＿＿＿
2. 写出下面程序的输出结果，并运行验证。

```c
#include <stdio.h>
int main(){
    int i=-1;
    for(;i++;) printf("%d,",i);
}
```

输出：＿＿＿＿＿＿＿＿＿＿＿＿
3. 写出下面程序的循环次数。

```c
#include <stdio.h>
int main(){
    int i;
    for(i=0;   ;i++) printf("%d",i);
}
```

循环次数：_____

4．写出下面程序的输出结果，并运行验证。

```c
#include <stdio.h>
int main(){
int i=-2;
while(i) printf("%d,",i++);}
```

输出：_____

5．写出下面程序的输出结果，并思考如果把 i++换成++i，结果又是什么。

```c
#include <stdio.h>
int main(){
    int i=-2;
    while(i++) printf("%d,",i);}
```

输出：_____

把 i++换成++i，输出：_____

6．先运行此程序，查看运行情况，然后把此程序改写成 for 循环形式，使之完成相同的功能。

```c
#include <stdio.h>
int main(){
    int i=1;
    while(i){
        printf("输入一个能使循环退出的数字：");
        scanf("%d",&i);
    }
}
```

7．分别调试运行下面两个程序，试比较程序结构和输出结果有何不同。

```c
//程序1
#include <stdio.h>
int main(){
    int i,s;
    s=0;
    for(i=0;i<10;i++){
        s+=i;
        printf("%d,",s);
    }
    printf("\n");
}
```

输出：_____

```c
//***********************************************
//程序2
#include <stdio.h>
int main(){
    int i,s;
```

```
    s=0;
    for(i=0;i<10;i++){
        s=0;
        s+=i;
        printf("%d,",s);
    }
    printf("\n");
}
```

输出：_____

8. 用公式形式写出下面程序完成的功能，并运行验证。

```
#include <stdio.h>
int main(){
    int i,s=0,n;
    scanf("%d",&n);
    for(i=1;i<=n;i++)s+=i;
    printf("%d\n",s);
}
```

完成的功能是：$s=1$_____

9. 用公式形式写出下面程序完成的功能，并运行验证。

```
#include <stdio.h>
int main(){
    int i,s=0,n,t=1;
    scanf("%d",&n);
    for(i=1;i<=n;i++){
        t*=i;
        s+=t;
    }
    printf("%d\n",s);
}
```

完成的功能是：$s=1!+$_____

10. 用公式形式写出下面程序完成的功能，并运行验证。

```
#include <stdio.h>
int main(){
    int i,n;
    double x,s=0,t=1.0;
    scanf("%d%lf",&n,&x);
    for(i=1;i<=n;i++){
        t*=x;
        s+=t;
    }
    printf("%lf\n",s);
}
```

完成的功能是：$s=x^1+$_____

11. 分别用 for 循环和 while 循环编写程序，实现输入整数 n，输出 $n!$ 的值。

12. 编写程序，实现输入整数 n，输出 $s=1/1!+1/2!+1/3!+...+1/n!$ 的值。

13. 编写程序，利用公式 $1+x+x^2/2!+x^3/3!+...+x^n/n!$，计算 e^x。x 为输入数据，要求公式最后一项的值小于万分之一。

6.4　常见错误及注意事项

（1）for 循环的三个表达式的间隔符号应是分号，不能是逗号，错误示例：

```
for(i=0,i<10,i++)…
```

（2）警惕 for 循环或 while 循环圆括号外无意添加的 ";"，导致出现空循环，错误示例：

```
for(i=0;i<10;i++);s+=i;  while(i<10);printf("%d",i++);
```

（3）计算累乘积或累加和时，变量未赋初值，错误示例：

```
int i,s;for(i=0;i<10;i++)s+=i;
```

（4）累乘积的初值赋零，错误示例：

```
int i,s=0;for(i=0;i<10;i++)s*=i;
```

（5）while 循环中，循环变量的自增运算在循环外，错误示例：

```
while(i<10)printf("%d",i);i++;
```

（6）不要试图使用 float 计算精确的数值，因为 float 只有 6 位精度，应使用 double。

（7）注意循环体为多条语句时，要用{}构造复合语句。

实验 7 循环结构程序设计（二）

7.1 实验目的

1. 学习 do 循环的使用。
2. 理解 do 循环与 while 循环的不同之处。
3. 学习 break、continue 在循环中的作用。
4. 理解循环的嵌套。

7.2 实验预习

1. 了解 do 循环的语法结构。
2. 预习 break、continue 在循环中的作用。
3. 预先完成实验内容部分的填空和程序编写。

7.3 实验内容

1. 写出下面程序的输出结果，并运行验证。

```
#include <stdio.h>
int main(){
    int i,j=0,k=0;
    for(i=0;i<5;i+=2)j++;
    do{
        k++;
    }while(j++<i);
    printf("%d\n",k);
}
```

输出：_____

2. 写出下面程序的输出结果，并运行验证。

```
#include <stdio.h>
int main(){
    int i,j;
    for(i=0;i<2;i++)
        for(j=10;j<12;j++)printf("i=%d,j=%d\n",i,j);
}
```

输出：_____

3. 输入一行字符，统计并输出其中大写字母的个数。试将下面程序改为 do 循环结构形式，实现相同的功能。

```c
#include "stdio.h"
int main(){
    char c;
    int ct=0;
    c=getchar();
    while(c!='\n'){
        if(c>='A'&&c<='Z')ct++;
        c=getchar();
    }
    printf("%d\n",ct);
}
```

4. 写出下面程序的输出结果，并运行验证。

```c
#include <stdio.h>
int main(){
    int a,i,ct=0;
    for(i=0;i<4;i++){
        scanf("%d",&a);          //输入 0 1 -2 -3
        if(a>0)continue;
        ct++;
    }
    printf("%d\n",ct);
}
```

输出：＿＿＿＿＿＿＿＿＿＿＿＿＿＿＿

5. 写出下面程序的输出结果，并运行验证。

```c
#include <stdio.h>
int main(){
    int a,i,ct=0;
    for(i=0;i<4;i++){
        scanf("%d",&a);          //输入 0 1 -2 -3
        if(a>0)break;
        ct++;
    }
    printf("%d\n",ct);
}
```

输出：＿＿＿＿＿＿＿＿＿＿＿＿＿＿＿

6. 编写程序，利用下面公式求 pi 值（提示：单项值无限接近 1 而不是 0，要求累积的最后一项小于 1.00001）。

$$pi = 2 \cdot \frac{2}{\sqrt{2}} \cdot \frac{2}{\sqrt{2+\sqrt{2}}} \cdot \frac{2}{\sqrt{2+\sqrt{2+\sqrt{2}}}} \cdots$$

7．有 1、2、3、4 四个数字，编写程序，求这几个数字能组成多少个互不相同且无重复数字的三位数？分别是多少？例如，可以组成 123、124 等。

8．编写程序，实现输入一行字符，分别统计出其中英文字母、空格、数字和其他字符的个数。

9．Fibonacci 数列前两项的值为 1、1，后面每项是前两项之和，如数列为 1、1、2、3、5、……。编写程序，输出 Fibonacci 数列的前 20 项。

10．编写程序，实现将输入的整数颠倒后存入另一个变量中并输出。例如，输入"12345"，输出"54321"。

11．编写程序，实现输入任意两个正整数，输出其最大公约数和最小公倍数。

12．编写程序，输入一个整数 n，输出其素数乘积的表达式。例如，输入 60，输出 60=1*2*2*3*5。

13．黑洞数也称为陷阱数，任何一个各位数字不全相同的三位数，经过有限次的"重排求差"操作，总会得到 495，最后所得的 495 为三位黑洞数。所谓的重排求差操作是指将组成该数的数字重排后的最大数减重排后的最小数。

例如：有三位数 207

第 1 次重排求差得：720-027=693

第 2 次重排求差得：963-369=594

第 3 次重排求差得：954-459=495

以后会停留在 495 这一黑洞数。

输入一个三位数，试求出任意输入的三位数重排求差的过程，例如：

输入为

input an integer: 123

输出为

321-123=198

981-189=792

972-279=693

963-369=594

954-459=495

7.4 常见错误及注意事项

（1）注意循环的边界条件是否正确，特别是是否包括"="，例如，a>0 与 a>=0。

（2）警惕不受约束的 break，错误示例：

```
while(i<100){if(n%i==0)flag=0;break;}
```

实验 8 综合程序设计练习（一）

8.1 实验目的

1. 对前面学习的各种运算和各种程序结构进行综合复习。
2. 学习分析程序结构。
3. 加强循环部分的练习。
4. 提高调试程序方面的能力。

8.2 实验预习

预先完成实验内容部分的填空和程序编写。

8.3 实验内容

1. 写出下面程序的输出结果，并运行验证。

```c
#include <stdio.h>
int main(){
    char a='a',b='j';
    float x;
    x=(b-a)/('F'-'A');
    printf("%d\n",(int)(3.14*x));
}
```

输出：_____

2. 写出下面程序的输出结果，并运行验证。

```c
#include <stdio.h>
int main(){
    int i=5;
    int j=5;
    int x1,y1;
    x1=i++;
    y1=++i;
    x1=j++;
    printf("%d,%d\n",x1,y1);
}
```

输出：_____

3. 写出下面程序的输出结果，并运行验证。

```c
#include<stdio.h>
int main(){
    int x=31,y=2,s=0;
    do{
        s-=x*y;
        x+=2;
        y-=3;
    }while(x%3==0);
    printf("x=%d\ty=%d\ts=%d\n",x,y,s);
}
```

输出：_____

4. 写出下面程序的输出结果，并运行验证。

```c
#include<stdio.h>
int main(){
    int a,b,s=0;
    for(a=1,b=1;a<=100;a++){
        if(b>=20)break;
        if(b%3==1){
            b+=3;
            continue;
        }
        b-=5;
    }
    printf("a=%d\tb=%d\n",a,b);
}
```

输出：_____

5. 以下程序可判断输入的一个整数是否能被 3 或 7 整除，若能整除，则输出"yes"，否则输出"no"，请填空。

```c
#include <stdio.h>
int main(){
    int k;
    printf("Enter a int number:");
    scanf("%d",&k);
    if_____
        printf("yes\n");
    else
        printf("no\n");
}
```

6. 有以下程序，输入 65，分别查看输出结果。

```c
//程序1
#include <stdio.h>
int main(){
    char c;
    scanf("%d",&c);          //输入65
```

```
    printf("%d\n",c);
    }
```

输出：＿＿＿＿＿＿＿＿＿＿＿＿＿＿

```
//程序 2
#include <stdio.h>
int main(){
    char c;
    scanf("%d",&c);              //输入 65
    printf("%c\n",c);
}
```

输出：＿＿＿＿＿＿＿＿＿＿＿＿＿＿

```
//程序 3
#include <stdio.h>
int main(){
    char c;
    scanf("%c",&c);              //输入 65
    printf("%d\n",c);
}
```

输出：＿＿＿＿＿＿＿＿＿＿＿＿＿＿

7. 编写程序，完成分段函数 $y=f(x)$ 的计算，输入不同的 x，输出对应的 y。

$$y = \begin{cases} x^2 & (x \leqslant -1) \\ y = -1 & (-1 < x \leqslant 1) \\ 1-x & (x > 1) \end{cases}$$

8. 编写程序，输入 n 和 a 的值，求 $s=a+aa+aaa+aaaa+aa...a$ 的值（最后一项为 n 个 a，n 和 a 均为 1～9 中的 1 位整数）。例如，当 $n=5$，$a=2$ 时，$s=2+22+222+2222+22222$。

9．编写程序，实现输出所有的水仙花数。水仙花数为一个三位数，其各位数字的立方和正好等于数字本身，如 $abc=a^3+b^3+c^3$。

10．编写程序，实现重复输入三角形的三条边 a、b、c，判断是否能构成三角形，直到输入了 5 组能构成三角形的数据为止，并判断该三角形是直角三角形、等边三角形，还是等腰三角形。

11．编写程序，实现输入两个整数，判断这两个数是否为互质数（最大公约数为 1 的两个数称为互质数）。若是，则输出"yes"，否则输出"not"。

12．编写程序，输出 1000～2000 的所有素数（指一个大于 1 的自然数，除了 1 和它本身，不能被其他自然数整除）。

13．编写程序，输入整数 n，利用 putchar()输出函数，分次输出下面高度为 n 行的图形。

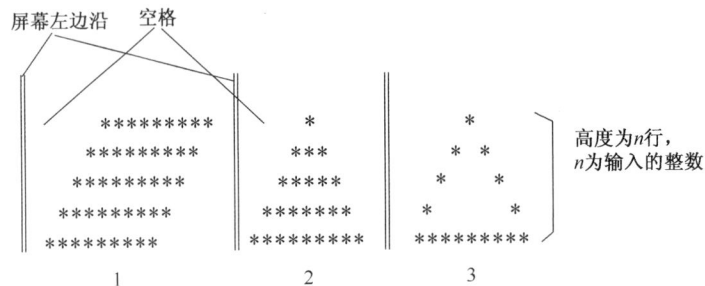

14．编写程序，输入整数 $n(1{\leqslant}n{\leqslant}9)$，计算并输出 $1+22+333+4444+55555+...+n...n$（$n$ 个 n）。

15．编写程序，利用 switch 语句，实现输入一个算术算式，输出计算结果。运算数据限于整数，运算符限于+、−、*、/、%。当出现除数为 0 的情况时，输出"0 不能作为除数"；当出现其他运算符时，输出"不认识的运算符"。例如，输入 2+3，输出 2+3=5；输入 3/2，输出 3/2=1；输入 5/0 或 5%0，输出"0 不能作为除数"。程序可以循环输入，当输入 0/0 或 0%0 时，结束循环。

8.4　常见错误及注意事项

注意整形表达范围有限，很容易溢出。在累加、累乘过程中容易出现超出表达范围的情况，因此应使用 double。

实验 9 数 组

9.1 实验目的

1. 掌握数组的声明和使用。
2. 熟悉数组的常见操作，如排序、查找等。
3. 学习多维数组的操作。

9.2 实验预习

1. 了解数组的声明与使用。
2. 了解数组的初始化及部分初始化后的结果。
3. 预先完成实验内容部分的填空和程序编写。

9.3 实验内容

1. 写出下面程序的输出结果，并运行验证。注意未初始化和部分初始化的区别。

```
#include <stdio.h>
int main(){
    int a[5]={1,2,3},b[5],i;
    for(i=3;i<5;i++)
    printf("a[%d]=%d,b[%d]=%d\n",i,a[i],i,b[i]);
}
```

输出：_____

2. 写出下面程序的输出结果，并运行验证。

```
#include<stdio.h>
int main(){
    int a[5]={1},j;
    for(j=1;j<5;++j)a[j]=a[j-1]*2;
    for(j=0;j<5;++j)printf("%d\n",a[j]);
}
```

输出：_____

3. 下面程序实现 10 个单元数组的输入和输出，找出下面程序中的错误并改正。

```
#include <stdio.h>
int main(){
    int N=10,i;
    int a[N];//定义数组
    scanf("%d",&a[N]);                          //完成输入10个整数
    for(i=0;i<=N;++i)printf("%d\n",a[i]);       //输出10个整数
}
```

4．下面程序实现求3阶方阵所有元素之和，完成填空。

```
#include<stdio.h>
int main(){
    int a[3][3]={1,2,3,4,5,6,7,8,9},i,j,s=0;
    for(i=0;i<3;++i)
        for(j=0;j<3;++j) _____;
    printf("%d\n",s);
}
```

5．下面程序产生10个0～100的随机整数，并输出最大值。填空完成程序，再调试运行。

```
#include <stdio.h>
#include <stdlib.h>
#include <time.h>
int main(){
    int a[10],max,i;
    srand(time(0));                //设置随机数种子
    for(i=0;i<10;i++){             //产生10个随机数
        a[i]=rand()%100;
        printf("%d,",a[i]);
    }
    printf("\n");
    max=a[0];                      //先假定a[0]为最大值
    for(i=1;i<10;i++)
        if(a[i]>max)_____;
    printf("max=%d\n",max);
}
```

6．下面程序实现输入10个整数，从小到大排序后输出。填空完成程序，再调试运行。

```
#include <stdio.h>
int main(){
    int _____;
    for(i=0;i<10;i++){             //完成输入
        scanf("%d",_____);
```

```
        }
    for(i=0;i<9;i++)
        for(j=i+1;j<10;j++)
            if(a[i]>a[j]){
                t=a[i];
                a[i]=a[j];
                _____;
            }
    for(i=0;i<10;i++)               //输出
        printf("%d,",a[i]);
    printf("\n");
}
```

7. 下面程序用气泡法对数组实现从小到大排序。填空完成程序，再调试运行。

```
#include <stdio.h>
int main(){
    int a[]={23,43,12,3,5,7,8,67,89,33},swapFlag,i,t;
    swapFlag=1;                          //启动循环
    while(swapFlag){
        swapFlag=_____ ;          //清除标志
        for(i=0;i<9;i++)
            if(a[i]>a[i+1]){             //逆序则交换位置
                t=a[i];a[i]=a[i+1];a[i+1]=t;
                swapFlag=_____;    //位置交换标志
            }
    }
    for(i=0;i<10;i++)printf("%d,",a[i]);
    printf("\n");
}
```

8. 下面程序用折半查找方法查找输入值的位置。若找到，则输出位置下标；若没找到，则输出"not found"。填空完成程序，再调试运行。

```
#include <stdio.h>
int main(){
    int a[10]={12,23,34,45,56,67,78,89,90,91},key,m,l,h;
    scanf("%d",&key);                //输入查找关键字
    l=0;h=9;
    while(l<=h){
        m=(l+h)/2;
        if(key<a[m])h=m-1;
        if(key>a[m])l=_____ ;
```

```
        if(key==a[m])break;
    }
    if(_____)printf("at %d\n",m);
    else printf("Not found\n");
}
```

9. 已有数组 a[10]={0,1,2,4,5,6}，有 6 个有效数据。编写程序，实现在 a[3]中插入整数 3。

10. 编写程序，声明一个二维数组 a[4][4]，使用循环将 a[i][j]用 i*10+j 填充，然后按下列方式输出。

```
0    1    2    3
10   11   12   13
20   21   22   23
30   31   32   33
```

11. 编写程序，声明一个二维数组 a[4][4]，使用循环将下三角元素（j<=i）的 a[i][j]用 i*10+j 填充，其他位置填 0，然后按下列方式输出。

```
0    0    0    0
10   11   0    0
20   21   22   0
30   31   32   33
```

12. 编写程序，先使用循环产生下面二维数组，然后沿对角线对调，输出对调前、后的数组元素。

```
0    0    0    0
1    2    0    0
3    4    5    0
6    7    8    9
```

对调后：

```
0   1   3   6
0   2   4   7
0   0   5   8
0   0   0   9
```

13. 编写程序，利用二维数组打印出下面的杨辉三角（共 7 行 7 列）。

```
1
1   1
1   2   1
1   3   3   1
1   4   6   4   1
1   5   10  10  5   1
1   6   15  20  15  6   1
```

14. 有 30 个人（编号为 0~29）围成一圈，从第 0 号开始报数 1，凡是报到 5 的人离开圈子，后面的人再从 1 开始报数，照此进行下去，最后留下的人为原来的第几号？编写程序，要求用一维数组实现算法。

9.4　常见错误及注意事项

（1）数组声明时，[ ]中的数值必须是常量，不能是变量。

（2）注意防止访问越界，C 语言不做检查，错误示例：

```
int a[10],i;for(i=0;i<10;i++)if(a[i]>a[i+1])…
```

（3）数组元素的值在未初始化时，为内存垃圾。

（4）数组的第 1 个元素的下标是 0，第 1 个元素是 0 号元素。

（5）在数组中插入数据时，注意从末端开始移动数据。

（6）只有有序的数组才能使用折半查找方法。

实验 10　字　符　串

10.1　实验目的

1. 掌握按字符串操作时，字符数组必须有结束标志符。
2. 理解字符串操作方式与字符数组操作方式的不同。
3. 掌握常用字符串操作函数。
4. 能自己构造字符串处理函数，理解系统中字符串函数的实现。

10.2　实验预习

1. 复习 ASCII 码表，了解大、小写英文字母及阿拉伯数字的 ASCII 码。
2. 复习循环与数组操作。
3. 熟悉字符串的输入和输出方法。
4. 预先完成实验内容部分的填空和程序编写。

10.3　实验内容

1. 下面程序的输出是否有问题，若有，则问题是什么？

```
#include <stdio.h>
int main(){
    char a[5]={'a','b','c','d','e'};
    puts(a);
}
```

问题：_____

2. 写出下面程序的输出结果，并运行验证。

```
#include <stdio.h>
int main(){
    char a[20]="abcdefgh";
    a[4]=0;
    puts(a);
}
```

输出：_____

3. 指出下面程序出现错误的原因。

```
#include <stdio.h>
#include <string.h>
```

```
int main(){
    char a[10]="ABCDEFGIJ",b[10]={0};
    printf("a:%d,b:%d\n",a,b);
    strcpy(b,"0123456789012345678");      //超出空间
    printf("a:%s\n",a);                    //注意值有没有变化
    printf("b:%s\n",b);
}
```

原因：＿＿＿＿＿＿＿＿＿＿＿＿＿

4. 写出下面程序的输出结果，并思考字符串 a 的输出。

```
#include<stdio.h>
int main(){
    char a[]={0,'a','\0'};
    char b[]={0x41,0x42,67,0};
    puts(a); puts(b);
}
```

输出：＿＿＿＿＿＿＿＿＿＿＿＿＿

5. 写出下面程序的输出结果，并运行验证。

```
#include<stdio.h>
int main(){
    char test[]={98,105,103,0};
    printf("%s\n",test);
}
```

输出：＿＿＿＿＿＿＿＿＿＿＿＿＿＿

6. 把输入的字符串按反序存放，填空完成程序，并运行验证。

```
#include<stdio.h>
#include<string.h>
int main(){
    char str[100],t;
    int i,j,len;
    scanf("%s",str);
    len=strlen(str);
    for(i=0,j=_____;i<len/2;i++,j--){
        t=str[i];
        str[i]=str[j];
        str[_____]=t;
    }
    printf("%s\n",str);
}
```

7. 输入长度在 100 以内的字符串，输出其长度（不使用 strlen()函数），填空完成程序。

```
#include "stdio.h"
int main(){
    char a[100];
    int i;
```

```
    gets(a);
    for(i=0;_____;++i);
    printf("%d\n",i);
}
```

8. 编写程序，输入一个字符串，分别统计其中字母（A~Z，a~z）和数字（0~9）的个数。

9. 编写程序，将输入字符串字母的大、小写颠倒后输出。例如，输入 aBcD，输出 AbCd。

10. 不使用 strcpy()函数，实现将 b 字符串复制到 a 中，完成程序的编写并运行。

```
#include <stdio.h>
int main(){
    char a[100],b[100];
    int i,j;
    gets(b);                    //输入字符串 b
    //下面代码将 b 字符串复制到 a 中

    _____
    puts(a);                    //输出复制后的结果
}
```

11. 不使用 strcat()函数，实现将两个字符串连接起来，完成程序的编写并运行。

```
#include <stdio.h>
int main(){
    char a[100],b[100];
    int i,j;
    gets(a);                    //输入字符串 a
    gets(b);                    //输入字符串 b
    //下面代码将 b 连接到 a 后

    _____
    puts(a);                    //输出连接后的结果
}
```

12．编写程序，把输入的整数变成二进制字符串输出，如输入 10814，输出 "10101000111110"。

13．编写程序，输入一个整数及要转换的进制（可以是 2、8 或 16），输出转换结果，结果以字符串方式输出。例如，输入 10814 和 16，表示将 10814 转换为十六进制的字符串，输出 "2A3E"；输入 10814 和 2，表示将 10814 转换为二进制的字符串，输出 "10101000111110"。

14．输入一个英文字符串，单词间用一个或多个空格间隔。编写程序，将此字符串中最长的单词输出。

10.4　常见错误及注意事项

（1）使用 scanf()或 gets()输入字符串时，数组名本身就是地址，不需要取地址，错误示例：

```
char a[10];scanf("%s",&a);
```

（2）注意在字符串操作时，需要添加字符串结束标志符'\0'，否则再次处理时会出错。

（3）字符串的有效数据到'\0'结束。编写字符串处理程序时，处理到'\0'时结束，不是处理整个数组。

（4）字符串常量需要的空间比可见字符多 1，错误示例：

```
char a[5]="ABCDE";
```

（5）数组名是地址常量，不要试图对数组名赋值，错误示例：

```
char a[10];a="ABCDE";
```

（6）注意在使用 strcpy(a,b)或 strcat(a,b)时，a 必须有足够的空间。

实验 11　指针（一）

11.1　实验目的

1. 学习指针的使用。
2. 理解指针与数组的关系。
3. 学习使用动态内存分配及释放。

11.2　实验预习

1. 熟悉指针的声明与含义。
2. 理解指针与数组的关系。
3. 理解指针加 1 或减 1 的含义。
4. 预先完成实验内容部分的填空和程序编写。

11.3　实验内容

1. 比较下面两个程序有何不同，并运行验证。

```
//程序 1
#include <stdio.h>
int main(){
    int a=2,b=3,*p,*q,t;
    p=&a;q=&b;
    printf("%d,%d\n",*p,*q);
    t=*p;*p=*q;*q=t;
    printf("%d,%d,%d,%d\n",a,b,*p,*q);
}
```

输出：_____

```
//程序 2
#include <stdio.h>
int main(){
    int a=2,b=3,*p,*q,*t;
    p=&a;q=&b;
    printf("%d,%d\n",*p,*q);
    t=p;p=q;q=t;
```

```
        printf("%d,%d,%d,%d\n",a,b,*p,*q);
    }
```

输出：＿＿＿＿＿＿＿＿＿＿＿＿＿＿

2. 上机调试下面程序，写出程序的输出。

```
    #include <stdio.h>
    int main(){
        int a[10],b[10],*p,i,s=0;
        for(i=0;i<10;i++)a[i]=i;
        p=a;
        for(i=0;i<10;i++){
            b[i]=*(a+i)+p[9-i];
            s+=b[i];
        }
        printf("%d\n",s);
    }
```

输出：＿＿＿＿＿＿＿＿＿＿＿＿＿＿

3. 输入两个整数，输出较大的一个。填空完成程序，并上机调试通过。

```
    #include <stdio.h>
    #include <stdlib.h>
    int main(){
        int *a,*b,c;
        a=(int*)malloc(sizeof(int));
        b=＿＿＿＿＿＿＿＿＿＿＿＿＿;
        scanf("%d%d", ＿＿＿＿＿＿＿＿ );
        c=*a>*b ? *a : *b;
        printf("%d\n",c);
        free(a);
        ＿＿＿＿＿＿＿＿＿＿＿＿;
    }
```

4. 读入长度在 80 个字符以内的字符串，然后输出，填空完成程序。

```
    #include "stdio.h"
    #include "stdlib.h"
    int main(){
        char *p;
        p=＿＿＿＿＿＿＿＿＿＿＿＿＿
        scanf("%s",p);
        printf("%s",p);
        free(p);
    }
```

5. 要求输出 a[0]和 a[1]的值，改正程序中的错误，使程序正常执行。

```
#include<stdio.h>
int main(){
    int a[]={1,2};
    printf("%d\n",*a);
    printf("%d\n",*(++a));
}
```

改正错误：_____

6. 写出程序的运行结果，思考地址相减的含义。

```
#include<stdio.h>
int main(){
    double a[5],*p1,*p2;
    int b[5],*q1,*q2;
    char c[5],*r1,*r2;
    p1=a;  p2=&a[4];
    q1=b;  q2=&b[4];
    r1=c;  r2=&c[4];
    printf("%d\t%d\t%d\n",p2-p1,q2-q1,r2-r1);
}
```

输出：_____

7. 要求输入 10 个整数，输出大于平均值的数，填空完成程序。

```
#include <stdio.h>
int main(){
    int a[10],*p;
    float sum=0,avg;
    p=a;
    while(p<a+10){            //输入 10 个整数存于数组中，并求和
        scanf("%d",p);
        sum+=*p;
        p++;
    }
    avg=sum/10;                //计算平均值
    p=a;
    while(p<_____){         //遍历数组，输出大于平均值的单元
        if(*p>avg)printf("%d\n",*p);
        _____;              //地址加 1，获得下一个元素地址
    }
    return 0;
}
```

8．输入一个字符串，颠倒后输出。例如，输入 ABCD，输出 DCBA。填空完成程序。

```c
#include <stdio.h>
int main(){
    char a[20],*p,*q,t;
    gets(a);
    q=a;
    while(*q!='\0')q++;          //定位到'\0'
    q--;                         //q 定位到最后一个可见字符
    p=_____;                    //p 定位到第 1 个字符
    while(p<q){
        t=*p;
        *p=*q;
        *q=_____;
        p++;q--;
    }
    puts(a);
    return 0;
}
```

9．输出整个字符串中所有字符的 ASCII 码，不可再声明新变量，完成程序。

```c
#include "stdio.h"
int main(){
    char a[10]="asdfghIJK",*p=a;
    //补充代码
    _____
    _____
    _____
}
```

10．使用动态内存分配的方法分配 10 个整型单元，输入 10 个整数，从小到大排序后输出，完成程序。

```c
#include <stdio.h>
#include <stdlib.h>
int main(){
    int *a,*p,*q,t;
    a=(int *)malloc(10*sizeof(int));
    for(p=a;p-a<10;p++)scanf("%d",p);
    for(p=a;p-a<9;p++)
        for(q=p+1;q-a<10;q++)
            if(*q<*p){
                //补充代码
```

```
                        _____
                        _____
                        _____
        }
        for(p=a;p-a<10;p++)printf("%d\n",*p);
        free(a);
    }
```

11. 将数组 a 中的数逆序存放至数组 b 中，并输出，不可再声明新变量，完成程序。

```
#include "stdio.h"
int main(){
    int a[10]={0,11,22,33,44,55,66,77,88,99},b[10],*p,*q;
    //补充代码

    _____
    _____
    _____

}
```

12. 采用动态内存分配的方法分配连续的 10 个整型单元，并用 100 以内的随机数填充（不必设置种子，只使用 rand()），然后输出，只能使用已经声明的变量，不可再声明新变量，完成程序。

```
#include <stdio.h>
#include <stdlib.h>
int main(){
    int *a,*p;
    //补充代码

    _____
    _____
    _____

}
```

13. 采用动态内存分配的方法分配连续的 10 个整型单元，输入 10 个整数，然后输出其中的最大值，不可再声明新变量，完成程序。

```
#include "stdio.h"
#include "stdlib.h"
int main(){
    int *a,*p,*maxp;
    //补充代码

    _____
    _____
    _____

}
```

11.4　常见错误及注意事项

（1）注意切勿混淆 p 与*p，p 是地址单元，*p 是目标单元。

（2）在指针没有指向合法分配单元前，对指针所指单元进行操作是很危险的，严重时可能导致系统崩溃。错误示例：

```
char *p;*p='A';gets(p);strcpy(p,"ABC");
```

（3）动态分配的内存块的生命周期是用户控制的，不使用时，需要主动释放。在释放前，不能改变指向指针。

实验 12 指针（二）（选做）

12.1 实验目的

1. 理解二维数组中的地址。
2. 理解并学习使用指针数组。
3. 理解二维数组与数组指针的关系。
4. 理解指针数组与二级指针的关系。

12.2 实验预习

1. 理解不同指针间的区别。
2. 理解指针加 1 或减 1 的含义。
3. 预先完成实验内容部分的填空和程序编写。

12.3 实验内容

1. 写出下面程序的输出结果，并运行验证。

```
#include<stdio.h>
int main(){
    int a[2][3]={0,1,2,10,11,12},*p[2];
    p[0]=a[0];p[1]=a[1];
    printf("%d,%d\n",*p[0],*(p[1]+1));
}
```

输出：_____

2. 写出下面程序的输出结果，并运行验证。

```
#include<stdio.h>
int main(){
    int a[2][3]={0,1,2,10,11,12},(*p)[3]=a;
    printf("%d,%d\n",*(*(p+1)+2),a[1][2]);
    printf("%d,%d\n",p[1][2],*(*(a+1)+2));
}
```

输出：_____

3. 写出下面程序的输出结果，并运行验证。

```
#include "stdio.h"
int main(){
```

```
    int a=2,*p=&a,**pp=&p;
    (**pp)++;
    (*p)+=5;
    printf("%d\n",a);
}
```

输出：＿＿＿＿＿＿＿＿＿＿＿

4. 写出下面程序的输出结果，并运行验证。

```
#include "stdio.h"
int main(){
    int a[2][3]={0,1,2,10,11,12},*p[2],**pp=p;
    p[0]=a[1];p[1]=a[0];
    printf("%d,%d\n",**pp,*(*(p+1)+2));
}
```

输出：＿＿＿＿＿＿＿＿＿＿＿

5. 填空完成程序，使得输出结果为：January、February、March、April、May、June、July、August、September、October、November、December。

```
#include "stdio.h"
int main(){
    char *month[12]={"January","February","March",
            "April","May","June","July","August","September",
            "October","November","December"};
    for(int i=0;i<12;++i)puts(_____);
}
```

6. 填空完成程序，使程序正常执行，并写出程序的输出结果。

```
#include "stdio.h"
int main(){
    int a[2][3]={0,1,2,10,11,12},*p[2];
    int _____,_____;
    p[0]=a[1];p[1]=a[0];
    q=a;
    pp=p;
    printf("%d,%d\n",**pp,**q);
    printf("%d,%d\n",*(*(pp+1)+2),*(*(q+1)+2));
}
```

输出：＿＿＿＿＿＿＿＿＿＿＿

7. 写出下面程序的输出结果，并运行验证。

```
#include "stdio.h"
int main(){
    int a[3][2]={0,5,10,15,20,25},*p[3],**pp=p;
    p[0]=a[1];p[1]=a[2],p[2]=a[0];
    printf("%d,%d,%d\n",**pp+1,*(*pp+1),**(pp+1));
}
```

输出：＿＿＿＿＿＿＿＿＿＿＿＿＿＿

8. 写出下面程序的输出结果，并运行验证。

```
#include "stdio.h"
int main(){
    int a[3][2]={0,5,10,15,20,25},(*q)[2]=a;
    printf("%d,%d,%d,%d\n",**q+1,*(*q+1),**(q+1),*(*(q+1)+3));
}
```

输出：＿＿＿＿＿＿＿＿＿＿＿＿＿＿

9. 写出下面程序的输出结果，并运行验证。

```
#include "stdio.h"
int main(){
    int  a[2][3]={0,1,2,10,11,12},(*q)[3]=a+1;
    int i,j;
    for(i=0;i>=-1;i--){
        for(j=2;j>=0;j--)
            printf("%d\t",q[i][j]);
        printf("\n");
    }
}
```

输出：＿＿＿＿＿＿＿＿＿＿＿＿＿＿

10. 下面程序要求把 a 中的字符串按字母表的次序输出，即输出结果为 Harry Hermione Janny Ron Voldemort。const 为常量说明，限制不允许改变 a 中的内容，不能再声明新的变量，填空完成程序。

```
#include "stdio.h"
#include "string.h"
int main(){
    const char a[5][20]={"Harry","Voldemort","Ron","Janny","Hermione"},*p[5],*t;
    int i,j;
    //补充代码

    ＿＿＿＿＿＿＿＿＿＿＿＿＿＿
    ＿＿＿＿＿＿＿＿＿＿＿＿＿＿

    for(i=0;i<5;i++)puts(p[i]);
}
```

11. 输入 n 个长度小于 20 的字符串，按从小到大的次序输出，要求完全采用动态内存分配方法，不能再声明新的变量，填空完成程序。

```
#include "stdio.h"
#include "string.h"
#include "stdlib.h"
int main(){
    char **pp,*t;
    int i,j,n;
    scanf("%d ",&n);              //%d 后的空格不可少
```

```
    pp=(char **)malloc(n*sizeof(char *));
    //补充代码
    _____
    _____
    _____
    for(i=0;i<n;i++){
        printf("%d,%s\n",i,pp[i]);
        free(pp[i]);
    }
    free(pp);
}
```

12. 输入 10 个长度小于 20 的字符串，找出最长的字符串并输出，不能再声明新的变量，填空完成程序。

```
#include "stdio.h"
#include "string.h"
#include "stdlib.h"
int main(){
    char a[10][20],(*p)[20],(*mp)[20];
    p=a;
    while(p-a<10)gets(*p++);
    //补充代码
    _____
    _____
    _____
    puts(*mp);
}
```

12.4　常见错误及注意事项

（1）在指针没有指向合法分配单元前，对指针所指单元进行操作是很危险的，严重时可能导致系统崩溃。

（2）指针是为了访问数组准备的，要注意数组类型与指针类型的匹配。

实验 13 函数（一）

13.1 实验目的

1. 学习函数的定义和使用。
2. 学习参数的不同传递方式及对实参的影响。
3. 理解变量的作用范围。

13.2 实验预习

1. 预先了解函数的定义结构及返回函数值语句。
2. 了解将被调用的函数定义放置在调用者之后要进行的预声明操作。
3. 预先完成实验内容部分的填空和程序编写。

13.3 实验内容

1. 写出下面程序的输出结果，并运行验证。

```c
#include <stdio.h>
void inc(int c,int *d){
    c++;
    (*d)++;
}
int main(){
    int a=1,b=1;
    inc(a,&b);
    printf("%d,%d\n",a,b);
}
```

输出：_____
2. 写出下面程序的输出结果，并运行验证。

```c
#include <stdio.h>
void f2();
void f3();
void f1(){
    printf("1");
    f2();
```

```
        printf("2");
    }
    void f2(){
        printf("3");
        f3();
        printf("4");
    }
    void f3(){
        printf("5");
    }
    int main(){
        f1();
        f2();
        printf("\n");
    }
```

输出：_____

3．写出下面程序的输出结果，并运行验证。

```
    #include <stdio.h>
    int a=1,b=2;
    int ff(){
        int a=3;
        return (++a)+(++b);
    }
    int main(){
        int b=6;
        printf("%d\n",a+ff()+ff()+b);
    }
```

输出：_____

4．下面程序的功能是调用 max()函数，求两个数中的较大者，填空完成程序。

```
    #include <stdio.h>
    _____ max(int x,int y){
        int z;
        if(x>y) z=x;
        else z=y;
        return z;
    }
    int main(){
        int a=8,b=12,c;
        c=_____;
```

```
        printf("%d",c);
    }
```

5. 下面程序自定义 double pow(double m, int n)，用来计算 m^n。并进一步使用此函数计算 $11^{10}+22^8+33^6+44^4+55^2$ 的值。填空完成程序。

```
#include <stdio.h>
_____;
int main(){
    int i,k=10;
    double s=0;
    for(i=11;i<=55; i+=11 ){
        s+=pow(i,k);
        k-=2;
    }
    printf("%lf \n",s);
}
double pow(double m,int n){
    int i;
    double s=1;
    for(i=0;i<n;i++)s*=_____;
    return s;
}
```

6. 写出下面程序的输出结果，并运行验证。

```
#include <stdio.h>
int A=1,B=1;
void dblA(){A*=2;}
void dblB(){int B=5;B*=2;}
int main(){
    dblA();dblB();
    printf("A=%d,B=%d\n",A,B);
}
```

输出：_____

7. 写出下面程序的输出结果，并运行验证。

```
#include <stdio.h>
int x,y;
void num(){
    int a=15,b=10;
    x=a-b; y=a+b;
```

```
    }
int main(){
    int a=7,b=5;
    x=a+b; y=a-b;
    num();
    printf("%d,%d\n",x,y);
}
```

输出：_____

8. 写出下面程序的输出结果，并运行验证。

```
#include <stdio.h>
void f(int *x,int y){
    int t;
    t=*x;
    *x=y;
    y=t;
}
int main(){
    int x=2,y=3;
    f(&y,x);
    printf("x=%d,y=%d\n",x,y);
}
```

输出：_____

9. 以下程序实现数组的排序功能，填空完成程序。

```
#include <stdio.h>
void swap(int *p,int *q){
    int t;
    t=*p;
    *p=*q;
    *q=t;
}
int main(){
    int a[10]={23,56,2,54,6,7,34,46,27,8},i,j;
    for(i=0;i<9;i++)
        for(j=i+1;j<10;j++)
            if(a[i]>a[j])swap(_____,_____);
    for(i=0;i<10;i++)printf("%d,",a[i]);
}
```

10. 已知三角形的三边，求三角形的面积。编写函数，在主函数中调用验证。填空完成程序。

```
#include <stdio.h>
//补充代码
_____
_____
_____
int main(){
    float a,b,c;
    printf("输入三条边长度\n");
    scanf("%f%f%f",&a,&b,&c);
    printf("%f\n",TriArea(a,b,c));
}
```

11. 设 $f(x)=(2x^3+3x^2-4x+1)/(10x^2+3)$，$q(x)=3f(x)^3+2f(x)^2+f(x)$，编写程序，实现输入 x 值，计算输出 $q(x)$ 值，要求有函数 $q(x)$ 和 $f(x)$ 的定义。

12. 设计一个函数，判断一个三位整数是否为水仙花数。若是，则函数返回 1，否则函数返回 0。并利用此函数找出所有水仙花数。

13. 设计一个函数 int isPrime(int n)，判断 n 是否为素数，若 n 是素数，则函数返回 1，否则函数返回 0。在主函数中用此函数找出 6～50 中所有的素数并输出。

14．编写程序，验证哥德巴赫猜想。哥德巴赫猜想的内容是：任何一个大于 2 的偶数都能写成两个素数和的形式。设计一个函数 int isPrime(int n)，判断 n 是否为素数，若 n 是素数，则函数返回 1，否则函数返回 0。在主函数中用此函数将 i（6<=i<=50）中的所有偶数，写成 i=a+b 的形式，a、b 都是素数，例如：

$$6=3+3$$
$$8=3+5$$
$$\cdots$$
$$22=3+19$$
$$22=5+17$$
$$22=11+11$$
$$\cdots$$

如果出现一个数，不能拆成两个素数和，则输出"哥德巴赫猜想是错的"。

13.4　常见错误及注意事项

（1）注意形参和实参的一致性。
（2）当函数定义在调用函数之后时，必须在调用函数前进行预声明。

实验 14　函数（二）

14.1　实验目的

1. 理解动态变量和静态变量的区别。
2. 理解递归的概念及使用。
3. 理解函数指针。

14.2　实验预习

1. 了解动态变量和静态变量的区别。
2. 理解递归的执行过程及参数变化。
3. 预先完成实验内容部分的填空和程序编写。

14.3　实验内容

1. 写出下面程序的输出结果，并运行验证。

```c
#include <stdio.h>
int n=0;
int * fun (int x){
    n-=x;
    return &n;
}
int main(){
    *fun(100)+=10;
    printf("n=%d\n",n);
}
```

输出：＿＿＿＿＿＿＿＿＿＿＿＿＿＿

2. 写出下面程序的输出结果，并运行验证。

```c
#include <stdio.h>
void f(){
    static int i=1;
    int j=1;
    i++;j++;
```

```
        printf("i=%d,j=%d\n",i,j);
    }
    int main(){
        f();
        f();
        f();
    }
```

输出：

＿＿＿＿＿＿＿＿＿＿＿＿＿＿＿＿

＿＿＿＿＿＿＿＿＿＿＿＿＿＿＿＿

＿＿＿＿＿＿＿＿＿＿＿＿＿＿＿＿

3．写出下面程序的输出结果，并运行验证。

```
    #include <stdio.h>
    int a=5;
    int main(){
        int s=2;
        if(a>0){
            int a=3;
            s+=a++;
        }
        s*=a++;
        printf("%d\n",s);
    }
```

输出：＿＿＿＿＿＿＿＿＿＿＿＿＿＿

4．写出下面程序的输出结果，并运行验证。

```
    #include <stdio.h>
    void ff(int a,char c){
        printf("%d,",a);
        if(a>0&&c>'A')ff(a-1,c-1);
        printf("%c,",c);
    }
    int main(){
        ff(5,'D');
        printf("\n");
    }
```

输出：＿＿＿＿＿＿＿＿＿＿＿＿＿＿

5．通过函数找出数组中的最大值、最小值，并用参数返回。填空完成程序，并运行验证。

```
    #include <stdio.h>
    int find(int b[],int len,int _____,int *minp){
```

```
        int i;
        *maxp=*minp=b[0];
        for(i=1;i<len;i++){
            if(b[i]>*maxp)*maxp=b[i];
            if(b[i]<*minp)*minp=b[i];
        }
    }
    int main(){
        int a[10]={23,45,6,7,87,78,34,56,33,22},max,min;
        find(a,10,&max,_____);
        printf("max=%d,min=%d\n",max,min);
    }
```

6. 下面程序使用自定义的 int strlen(char *p)函数返回字符串长度，在主函数中输入字符串，然后输出字符串长度。填空完成程序，并运行验证。

```
    #_____
    int strlen(const char *p){
        int i=0;
        while(p[i]!='\0')i++;
        _____;
    }
    int main(){
        char a[80];
        gets(a);
        printf("%d\n",_____);
    }
```

7. 写出下面程序的输出结果，并运行验证。

```
    #include <stdio.h>
    int sum(int b[][4],int lines,int cols){
        int i,j,s=0;
        for(i=0;i<lines;i++)
            for(j=0;j<cols;j++)
                s+=b[i][j]%(i+1);
        return s;
    }
    int main(){
        int a[3][4]={ 0,1,2,3,
                      4,5,6,7,
                      8,9,10,11};
        int s;
        s=sum(a,3,4);
```

```
        printf("%d\n",s);
    }
```

输出：　_____

8．编写一个函数，返回数组元素中最大值的地址，并在主函数中输出该元素。填空完成程序。

```
#include <stdio.h>
int * maxp(int b[],int len){
    //补充代码

    _____
    _____
    _____

}
int main(){
    int a[10]={23,43,45,232,45,456,33,22,55,77},*p;
    p=maxp(a,10);
    printf("%d\n",*p);

}
```

9．编写一个函数，完成把传递来的字符串按颠倒次序输出。在主函数中输入字符串，调用函数后，输出颠倒后的字符串，并运行验证。

10．不使用 string.h 内定义的任何函数，自定义一个函数 int strcat(char *str1,char * str2)，将 str2 接到 str1 后，并返回连接后字符串的总长度。在主函数中完成输入，并输出连接后的字符串和长度。

11. 斐波那契数列前两项的值为 1、1，后面每项是前两项之和。设计一个递归函数，求出斐波那契数列的任意第 n 项值，在主函数中输入 n，输出对应的第 n 项值。

12. 设计一个函数 void bi(int n)，用递归算法输出十进制数对应的二进制序列。例如，调用 bi(9)，输出"1001"。

13. 写出下面程序的输出结果，并运行验证。

```c
#include <stdio.h>
int f2(int n){
    return n*n;
}
int f3(int n){
    return n*n*n;
}
int main()
{
    int (*fun)(int);
    fun=f2;
    printf("%d\n",(*fun)(2));
    fun=f3;
    printf("%d\n",(*fun)(2));
}
```

输出：＿＿＿＿＿＿＿＿＿＿＿＿＿＿

14.4　常见错误及注意事项

（1）函数传递数组时，形参中只有指针，没有数组，函数中对数据的任何改变都是直接对原数据的改变。若要避免这种情况，可使用 const 关键字。

（2）全局变量、静态变量会自动赋初始值。

（3）动态局部变量未赋初始值前保存的是原先留下的垃圾数据。

实验 15 综合程序设计练习（二）

15.1 实验目的

1. 理解二维数组的参数传递。
2. 理解指针数组的参数传递。
3. 综合巩固练习前面学过的数组、指针、函数。
4. 加强独立构思程序的能力。

15.2 实验预习

1. 复习前面所学内容。
2. 预先完成实验内容部分的填空和程序编写。

15.3 实验内容

1. 写出下面程序的输出结果（选作）。

```c
#include <stdio.h>
void pr2D(int (*a)[4],int lines){
    int i,j,s;
    for(i=0;i<lines;i++){
        s=0;
        for(j=0;j<4;j++)s+=a[i][j];
        printf("%d,",s);
    };
}
int main(){
    int a[3][4]={0,1,2,3,10,11,12,13,20,21,22,23};
    pr2D(a,3);
}
```

输出：＿＿＿＿＿＿＿＿＿＿＿＿

2. 写出下面程序的输出结果。

```c
#include <stdio.h>
#include <string.h>
int main(){
    char a[10]="ABCDEFGH";
    char b[10]="abcd";
    strcpy(&a[2],&b[1]);
```

```
        puts(a);
    }
```

输出：_____

3. 写出下面程序的输出结果。

```
#include <stdio.h>
int a=1,b=2;
int f(){
    int a=3;
    return (a++)+(b++);
}
int main(){
    int a=4;
    printf("%d\n",a+f()+b);
}
```

输出：_____

4. 写出下面程序的输出结果（选作）。

```
#include <stdio.h>
int f(int **r,int L,int C){
    int i,j,s=0;
    for(i=0;i<L;i++)
        for(j=0;j<C;j++)s+=r[i][j];
    **r=5;
    return s;
}
int main(){
    int a[3][4]={0,1,2,3,10,11,12,13,20,21,22,23};
    int *b[3];
    b[0]=a[0];
    b[1]=a[1];
    b[2]=a[2];
    printf("%d\n",f(b,3,4)+a[0][0]);
}
```

输出：_____

5. 编写一个取字符串子串的函数 char * getSubstrTo(char *s,int start,int len,char *b)，把 a 串中从 start 开始的 len 个字符放入 b 串，返回 b 串首地址，填空完成程序。

```
#include <stdio.h>
#include <stdlib.h>
char * getSubstrTo(char *s,int start,int len,char *b){
    //补充代码
    _____
    _____
    _____
}
int main(){
```

```
        char a[60],b[60],*p;
        int start,len;
        scanf("%s %d %d",a,&start,&len);//输入 ABCDEFGH 2 3，空格不能省略
        p=getSubstrTo(a,start,len,b);
        printf("%s,%s\n",p,b);  //输出 CDE, CDE
    }
```

6. 编写程序，使用函数 int strcmp(char a[],char b[])，当前者大于后者时，返回正数；当前者小于后者时，返回负数；当两者相等时，返回 0。在主函数内完成字符串的输入和输出并进行验证。

7. 编写一个在长字符串中查找子串的函数 int find(char in[],char look[],int start)。若找到子串，则返回起始位置，否则返回-1。

8. 利用数组编写程序，打印 $n \times n$ 的螺旋方阵（$n \leq 10$），n 通过键盘输入。例如，当 $n=5$ 时，结果为

```
     1   2   3   4   5
    16  17  18  19   6
    15  24  25  20   7
    14  23  22  21   8
    13  12  11  10   9
```

9. 编写一个对汉字字符串对称加密的函数，函数把每个汉字的高位字节与低位字节对调，即 s[0]和 s[1]对调，s[2]和 s[3]对调，以此类推。在主函数内完成字符串的输入和输出，在定义的子函数内完成加密过程。填空完成程序。

```
#include <stdio.h>
void ency(char s[]){
    //补充代码
    _____
    _____
    _____
}
int main(){
    char a[60];
    gets(a);
    ency(a);              //加密
    puts(a);
    ency(a);              //解密
    puts(a);
}
```

10. time(NULL)函数是在 time.h 头文件中声明的，函数的功能是从计算机时钟中读取从 1970 年 1 月 1 日 0 时开始到此刻的时间秒数。编写函数 char * nowTime(char dateTime[])，将从系统函数得到的秒数转换成格式为"yyyy-mm-dd HH:MM:SS"的时间字符串，并存放至 datTime 字符串参数中，返回字符串首地址。注意，北京时间是在第 8 时区。完成程序，并在主函数调用及输出当前日期和时间。

11. 编写程序，将一个浮点型金额（<2000000000）转换为大写金额。例如，输入 1234567891.45，输出"壹拾贰亿叁千肆百伍拾陆万柒千捌百玖拾壹元肆角伍分"；输入 1200030056.77，输出"壹拾贰亿零叁万零伍拾陆元柒角柒分"。输入和输出在主函数内完成，转换在子函数内完成。

12. 编写一个主函数能接收参数的程序 calc.exe，运行时，可对后面的算式参数进行计算。例如，当执行 calc 2+3 时，显示结果为 5。运算数值仅限于正整数，运算符仅限于+、-、*、/。

实验 16　结构体、共用体、枚举

16.1　实验目的

1. 学会结构体的定义和操作方法。
2. 学会定义和使用结构体变量、数组和指针。
3. 学会 typedef 的使用。

16.2　实验预习

1. 了解结构体的定义和操作方法。
2. 预先完成实验内容部分的填空和程序编写。

16.3　实验内容

1. 设程序中生日变量 s 是 "1984 年 11 月 11 日"，填写 "生日" 的正确初始化语句，
完成程序。

```
#include <stdio.h>
struct birth{
    int year;
    int month;
    int day;
} ;
struct birth s=_____;
int main(){
    printf("%d年%d月%d日\n",s.year,s.month,s.day);
}
```

2. 要求实现一个结构体变量的输入和输出，填空完成程序。

```
#include <stdio.h>
struct student{
    int age;
    char name[20];
};
typedef struct student _____;
```

```
int main(){
    ST  a;
    scanf("%d%s",_____,a.name);
    printf("age=%d,name=%s\n",a.age,a.name);
}
```

3. 改正下面程序中的错误之处，并调试。

```
struct worker{
        char name[20];
        int age;
        char sex;
        int id;
}w;
int main(){
    w.name="li ming";
    w.age=21;
    w.sex='M';
    w.id=1;
    printf("%s\n%d\n%c\n%d\n",worker.name,worker.age,worker.sex,worker.id);
    return 0;
}
```

4.将 s 初始化为 20, "Harry",'M', "1980 年 11 月 12 日"，输出后，将 s 改为 30,"Janny",'F', "1982 年 7 月 8 日"，再次输出。填空完成程序。

```
#include <stdio.h>
#include <string.h>
struct student{
    int no;
    char name[20];
    char sex;
    struct{
        int year;
        int month;
        int day;
    }birth;
};
int main(){
    struct  student  s=_____;//初始化值
    printf("%d,%s,%c,%d 年%d 月%d 日\n",
        s.no,s.name,s.sex,s.birth.year,s.birth.month,s.birth.day);
    s.no=30;

    _____
```

_____

_____

_____

_____

```
printf("%d,%s,%c,%d年%d月%d日\n",
       s.no,s.name,s.sex,s.birth.year,s.birth.month,s.birth.day);
}
```

5. 写出下面程序的输出结果，并运行验证。

```
#include <stdio.h>
struct  stu{
    int  x ;
    int  *y;
} *p ;
int  dt[4]={ 10 , 20 , 30 , 40 };
struct  stu  a[4]={50 , &dt[0] , 60 , &dt[1] , 70 , &dt[2] , 80 , &dt[3] } ;
int main(){
    p=a;
    printf("%d," , ++p->x);
    printf("%d," , (++p)->x );
    printf("%d\n" , ++(*p->y) );
}
```

输出：_____

6. 下面程序定义了一个描述矩形的结构体，用一个函数求出矩形的面积。填空完成程序，并运行验证。

```
#include<stdio.h>
struct Rectangle{
    int width;
    int length;
};
int getArea(Rectangle   * p){
    return _____;
}
int  main(){
    Rectangle r;
    puts("please input the width and length of this rectangle!");
    scanf("%d%d",&r.width,_____);
    printf("the area of r is:%d\n",getArea(&r));
}
```

7. 下面程序实现了输入 5 个同学的记录，并找出年龄最大的元素输出。填空完成程序，并运行验证。

```c
#include <stdio.h>
struct studentType{
    int age;
    char name[10];
};
int main(){
    int i;
    studentType max,*p,s[5];
    for(i=0;i<5;i++){              //输入 5 个记录
        scanf("%d%s",_____);
    }
    p=&s[0];
    for(i=1;i<5;i++){              //找出 age 最大元素
        if(s[i].age>p->age)p_____ ;
    }
    max=_____;
    printf("max is:%s,%d\n",max.name,max.age);
}
```

8. 找出下面程序中的错误，其中共用体类型定义不能修改。修改程序，使编译通过，并写出输出结果。

```c
#include <stdio.h>
#include <string.h>
union student{
    char ID[19];
    char name[20];
};
typedef union student ST;
int main(){
    ST a={"11111","Ron"},b;
    printf("%s,%s\n",a.ID,a.name);
    puts("输入姓名或身份证号:");
    gets(b.ID);                   //输入 Harry
    puts(b.ID);
    puts(b.name);
}
```

输出：_____

9. 写出下面程序的输出结果，并运行验证。

```c
#include <stdio.h>
enum colorType{
    red   =0xff0000,
    green =0x00ff00,
    blue  =0x0000ff,
    yellow=0xffff00,
    purple=0xff00ff,
    cyan  =0x00ffff,
    black =0x000000,
    white =0xffffff,
};
typedef enum colorType COLOR;
int main(){
    COLOR  a,b,c;
    a=red;
    b=green;
    c=yellow;
    printf("%x,%x\n",a|b,c);
}
```

输出：_____

10．编写程序，定义一个结构体类型 datestru（包括年、月、日三个整数），并把此类型用 typedef 定义为 date 类型，定义一个 date 类型变量，输入变量值，计算并输出该日是本年中的第几天（提示：注意闰年问题）。

11．编写程序，定义一个结构体类型，包含姓名 char name[20]、成绩 int score 子元素。定义 10 个元素的结构体数组，输入 10 个同学的信息，然后按成绩从大到小排序后输出。

12. 定义一个结构体类型来表示复数，用 real 表示实部，用 imag 表示虚部。自定义两个函数，分别完成复数的加、减运算。填空完成程序。

```c
#include <stdio.h>
typedef struct complex{
    double real;
    double imag;
}CMP;
CMP add(CMP a,CMP b){          //a+b
//补充代码

    _____

    _____

    _____
};
CMP sub(CMP a,CMP b){          //a-b
//补充代码

    _____

    _____

    _____
};
int main(){
    CMP  a,b,c,d;
    scanf("%lf+%lfi %lf+%lfi",&a.real,&a.imag,&b.real,&b.imag);
    c=add(a,b);
    d=sub(a,b);
    printf("%lf+%lfi,%lf+%lfi\n",c.real,c.imag,d.real,d.imag);
}
```

16.4　常见错误及注意事项

（1）字符串之间的赋值要使用 strcpy()函数，错误示例：

```c
struct {char name[10];}st;st.name="ABCD";
```

（2）利用指针访问结构体时，有 p->age，"->"是一个整体，中间不可空格。

（3）使用指针访问时，有*p.age，由于"."优先级高，因此相当于*(p.age)。

（4）给结构体数组排序，交换元素时应交换所有子元素，以免数据错位。

实验 17　链表（选做）

17.1　实验目的

1. 掌握链表的构造。
2. 学会链表的遍历。
3. 学会给链表插入和删除节点。

17.2　实验预习

1. 复习动态内存分配。
2. 复习结构体的使用。
3. 预先完成实验内容部分的填空和程序编写。

17.3　实验内容

1. 写出下面程序的输出结果。

```c
#include <stdio.h>
#include <stdlib.h>
int main(){
    int *p,*q;
    p=(int *)malloc(sizeof(int));
    *p=2;
    q=p;
    printf("*p=%d,*q=%d\n",*p,*q);
    free(p);
}
```

输出：＿＿＿＿＿＿＿＿＿＿＿＿

2. 写出下面程序的输出结果。

```c
#include <stdio.h>
#include <stdlib.h>
struct LinkNode{
    int id;
    struct LinkNode * link;
} a={20},b={30};
int main(){
```

```
    a.link=&b;
    printf("%d,%d\n",a.id,a.link->id);
}
```

输出：_____

3. 写出下面程序的输出结果。

```
#include <stdio.h>
#include <stdlib.h>
struct LinkNode{
    int id;
    struct LinkNode * link;
} ;
typedef struct LinkNode LN;
int main(){
    LN *p,*q;
    p=(LN *)malloc(sizeof(LN));
    p->id=20;
    p->link=(LN *)malloc(sizeof(LN));
    q=p;
    q=q->link;
    q->id=30;
    printf("%d,%d,%d\n",p->id,q->id,p->link->id);
    free(p);
    free(q);
}
```

输出：_____

4. 以下是 *a*、*b*、*c* 三个节点的链接，填空完成程序。

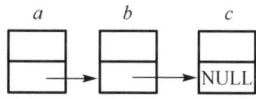

```
#include <stdio.h>
#include <stdlib.h>
struct LinkNode{
    int id;
    struct LinkNode * link;
} a,b,c;
int main(){
    a.link=_____;
    b.link=_____;
    c.link=_____;
}
```

5. 以下是 p、q、r 三个指针所指节点的链接，填空完成程序。

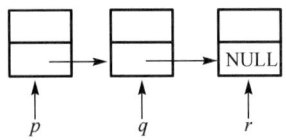

```
#include <stdio.h>
#include <stdlib.h>
struct LinkNode{
    int id;
    struct LinkNode * link;
};
typedef LinkNode LN;
int main(){
    LN *p,*q,*r;
    p=(LN *)calloc(1,sizeof(LN));
    q=(_____)calloc(1,sizeof(LN));
    r=(_____)calloc(1,sizeof(LN));
    p->link=_____;
    q->link=_____;
    r->link=_____;
    free(p);free(q);free(r);
}
```

6. 使 a、b、c 三个节点呈环状链接，填空完成程序。

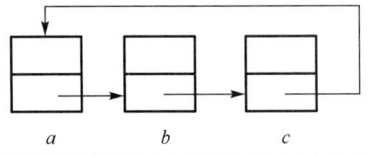

```
#include <stdio.h>
#include <stdlib.h>
struct LinkNode{
    int id;
    struct LinkNode * link;
}a,b,c;
int main(){
//补充代码
    _____
    _____
    _____
}
```

7. 下面程序构造了一个 27 个节点的单链表结构，第 1 个节点为头节点（头节点是在链表头部的一个不保存有效数据的节点，头节点的存在可使部分常用操作算法简化），后面 26 个节点分别放置'A'～'Z' 26 个英文字母，并进行输出。填空完成程序。

```c
#include <stdio.h>
#include <stdlib.h>
struct LinkNode{
    char ch;
     struct LinkNode * link;
};
typedef struct LinkNode LN;
int main(){
    LN *head,*p,*n;
    char c;
    p=head=(LN *)malloc(sizeof(LN));//头节点
    for(c='A';c<='Z';c++){
        n=(LN *)malloc(sizeof(LN));
        n->ch=_____;
        p-> link =_____;
        p=p-> link;
    }
    p->link=_____;
    p=head-> link;
    while(p){
        printf("%c,",p->ch);
        p=p-> link;
    }
}
```

8．编写两个函数：函数 CreateLink 将传递过来的字符串构造成一个链表，每个节点保存一个字符；函数 ShowLink 用于显示链表中的数据。填空完成程序。

```c
#include <stdio.h>
#include <stdlib.h>
struct LinkNode{
    char ch;
    struct LinkNode *link;
};
typedef struct LinkNode LN;
LN* CreateLink(char *s){
    LN *head,*p,*n;
    p=head=(LN *)malloc(sizeof(LN));//头节点
    while(*s!='\0'){
        //补充代码

        _____

        _____
```

```
                    _____
        s++;
    }
    p->link=NULL;
    return head;
}
void ShowLink(LN * head){
    LN *p;
    p=head->link;
    //补充代码

    _____

    _____

    _____

}
int main(){
    char str[50];
    LN *head;
    gets(str);
    head=CreateLink(str);
    ShowLink(head);
}
```

9. 编写程序，给第 8 题程序增加删除节点函数 int DelNode(LN *head,char delChar)，删除指定的字符 delChar。若成功，则返回 1；若不成功，则返回 0。例如，原链表中的数据为 B N M J K L，执行 DelNode('M')，则删除链表中第 1 个数据为'M'的节点，链表中的数据变为 B N J K L。

10. 编写程序，给第 8 题程序增加插入节点函数 int Insert (LN *head,char Loc,char data)，在节点 Loc 后插入节点，数据为 data。若成功，则返回 1；若不成功，则返回 0。例如，原链表中的数据为 B N J K L，执行 Insert(head, 'N', 'q')后，在节点'N'后插入节点，数据为'q'，链表中的数据变为 B N q J K L。

11. 编写程序，给第 8 题程序增加函数 int InsertBefore(LN *head,char Loc,char data)，功能是把字符插到指定节点前，即在节点 Loc 前插入节点，数据为 data。若成功，则返回 1；若不成功，则返回 0。例如，原链表中的数据为 B N q J K L，执行 InsertBefore(head, 'N', 't')后，链表中的数据变为 B t N q J K L。

12. 编写程序，给第 8 题程序增加函数 void InsertBeforeBig(LN *head, char data)，功能是把字符 data 插到第 1 个比 data 大的节点之前。若 head->link==NULL，则作为头节点后的第 1 个数据节点插入；若 head->link!=NULL，则顺次查找第 1 个字符值大于 data 的节点，然后在此节点前插入新节点；若没有找到大的节点，则 data 插到链表的最后。例如，原链表中的数据为 B t N q J K L，执行 InsertBeforeBig(head, 'p')后，链表中的数据变为 B p t N q J K L。

13. 编写程序，给第 8 题程序增加一个产生新排序链表的函数 LN * MakeSortLink(LN * head)，功能是复制产生一个新链表，复制过程中采用插入法排序，把 head 链表中的节点按 ch 中字符值从小到大排序存放到新链表中，并返回此新链表的头节点地址，新链表也要有头节点。例如，head 链表中的数据为 B p t N q J K L，新链表中的数据为 B J K L N p q t。

14．编写程序，给第 8 题程序增加一个对已有链表排序的函数 void SortLink(LN * head)，功能是采用插入法排序，把 head 链表中的节点按 ch 中的字符值从小到大重新排列（头节点不参与排序）。例如，head 链表中的数据为 B t N p q J K L，排序后节点次序变为 B J K L N p q t。

15．编写程序，给第 8 题程序增加一个销毁链表的函数 void FreeLink(LN *head)，功能是释放链表中的所有节点。

17.4　常见错误及注意事项

（1）链表最后节点的 link 域要置为 NULL，以免链接到别的位置。

（2）删除节点时，要记得释放节点内存。

实验 18   编译预处理

18.1   实验目的

1. 理解宏定义语句#define 的功能。
2. 理解宏定义语句#undef 的功能。
3. 学会带参数宏定义语句的使用。
4. 理解条件编译。

18.2   实验预习

1. 预习宏定义语句。
2. 预先完成实验内容部分的填空和程序编写。

18.3   实验内容

1. 写出下面程序的输出结果，并运行验证。

```
#include <stdio.h>
#define M  10
#define N   M+M
int main(){
    printf("%d\n",2*N);
}
```

输出：_____

2. 指出下面程序的错误。

```
#include<stdio.h>
#define PI 3.1415926;
int main(){
    printf("%f\n",5*5*PI);
}
```

错误：_____

3. 指出下面程序的错误并改正，下面程序用于计算$(10+20)^2$的值。

```
#include<stdio.h>
#define M 10
#define N 20
#define P M+N
int main(){
```

```
        printf("%d\n",P*P)
    }
```

错误：_____

改正：_____

4．写出下面程序的输出结果，并运行验证。

```
#include <stdio.h>
#define K  5
#define fn(M,N) M>0?N:N+M
int main(){
    printf("%d\n",2*fn(3-K,K+3)*3);
}
```

输出：_____

5．编译下面程序时，哪条语句会报告错误，为什么？

```
#include <stdio.h>
#define K    5
int main(){
s1: printf("first:%d",K);
#undef K
s2: printf("second:%d",K);;
}
```

出错语句：_____

原因：_____

6．用带参数的宏实现求两个整数相除的余数，填空完成程序。

```
#include<stdio.h>
#define REMAINDER(a,b)  _____
int main(){
    int a,b;
    scanf("%d%d",&a,&b);
    printf("%d\n",REMAINDER(a,b));
}
```

7．写出下面程序的输出结果。

```
#include <stdio.h>
#define M  5
int main(){
    printf("M%d\n",M);
}
```

输出：_____

8．定义宏计算圆的面积，圆括号中的参数为半径，填空完成程序。

```
#include <stdio.h>
#define _____
int main(){
```

```
    printf("%f\n",area(3));
}
```

9. 指出下面程序中哪一段被编译。

```
#define PI 3.14
#ifdef PI
A 段
#else
B 段
#endif
```

编译段：＿＿＿＿＿＿＿＿＿＿＿＿＿

10. 指出下面程序编译后的输出结果。

```
#include<stdio.h>
#define P PPP
int main(){
#ifndef P
    printf("QQQ\n");
#else
    printf("PPP\n");
#endif
}
```

输出：＿＿＿＿＿＿＿＿＿＿＿＿＿

11. 自己定义一个宏 ABS(n)，用条件运算符对 n 求绝对值，并用此宏计算输出-5、-5.6 的绝对值。填空完成程序。

```
#include <stdio.h>
＿＿＿＿＿＿＿＿＿＿＿＿＿
int main(){
    int a;
    printf("%d,%f\n",ABS(-5),ABS(-5.6));
}
```

12. 编写程序，使用条件编译，以#define INTEGER 是否定义作为判断条件，如果有定义，程序中加入一个针对整数求绝对值的函数 int ABS(int n){return n<0?-n:n;}，否则加入一个针对双精度求绝对值的函数 double ABS(double n){return n<0?-n:n;}。

18.4 常见错误及注意事项

（1）预处理语句后没有 ";"。

（2）带参数的宏定义语句仍是宏替换，不是函数，不要主观地增加圆括号改变运算优先级。

（3）条件编译与 if 语句不一样，仅满足条件的语句被编译。

（4）引号中的内容不会进行宏替换。

实验 19 文　　件

19.1　实验目的

1. 掌握文件及文件指针的概念。
2. 掌握用基本的函数打开/关闭文件。
3. 学会用 fgetc()、fputc()、fgets()、fputs()、fscanf()、fprintf()、fread()、fwrite()函数读/写文件。
4. 学习 fseek()、rewind()函数的使用。

19.2　实验预习

1. 掌握打开/关闭文件函数的格式。
2. 掌握 fscanf()、fprintf()、fgetc()、fputc()、fgets()、fputs()、fread()、fwrite()函数中各参数的含义。
3. 掌握文件指针及其移动规律。
4. 预先完成实验内容部分的填空和程序编写。

19.3　实验内容

1. 运行下面程序后，用记事本打开在 C:\下的 f1.txt 文件，查看其中内容。

```
#include <stdio.h>
#include <stdlib.h>
int main(){
    FILE  *fp;
    if((fp=fopen("C:\\f1.txt","w"))==NULL){
        puts("open error ");
        exit(0);
    }
    for(char c='a';c<='z';c++)fputc(c,fp);
    fclose(fp);
}
```

2. 填空完成程序，把输入的 10 个整数写入文件 C:\f2.txt。

```
#include <stdio.h>
#include <stdlib.h>
int main(){
    FILE  *fp;
```

```
    int  i,n;
    if((fp=_____)==NULL){
        puts("open error ");
        exit(0);
    }
    for(i=0;i<10;i++){
        scanf("%d",&n);
        fprintf(_____,"%d,",n);
    }
    fclose(_____);
}
```

3. 程序从文件 f1.txt 中读取内容，然后写入文件 f3.txt，填空完成程序。

```
#include <stdio.h>
#include <stdlib.h>
int main(){
    FILE  *fpS,*fpT;
    char ch;
    if((fpS= _____)==NULL){
        puts("源文件不存在");
        exit(0);
    }
    if((fpT=fopen("C:\\f3.txt","w"))==NULL){
        puts("目标文件打开错误");
        exit(0);
    }
    while(!feof(fpS)){
        ch=fgetc(fpS);
        _____(ch,fpT);
    }
    fclose(fpS);
    _____;
    printf("完成\n");
}
```

4. 程序使用 fwrite()函数写入 5 个结构体单元，然后读取并显示，填空完成程序。

```
#include <stdio.h>
#include <stdlib.h>
typedef struct {
    int age;
    char name[20];
}ST;
int main(){
    ST a[5]={20,"Harry",21,"Snape",22,"Voldemort",23,"Ron",24,"Hermioney"};
    ST b[5];
    FILE  *fp;
    if((fp=fopen("C:\\f1.dat","wb"))==NULL){
        puts("文件打开错误");
```

```
        exit(0);
    }
    fwrite(_____,5,fp);              //写入
    fclose(fp);                             //完成写入过程
    if((fp=fopen("C:\\f1.dat","rb"))==NULL){
        puts("写文件打开错误");
        exit(0);
    }
    fread(b,sizeof(ST),_____);        //读取
    fclose(fp);
    for(int i=0;i<5;i++)printf("%s,%d\n",b[i].name,b[i].age);//显示
}
```

5. 写出下面程序的输出结果。

```
#include <stdio.h>
#include <stdlib.h>
typedef struct {
    int age;
    char name[20];
}ST;
int main(){
    ST a[5]={20,"Harry",21,"Snape",22,"Voldemort",23,"Ron",24,"Hermioney"};
    ST t;
    FILE  *fp;
    if((fp=fopen("C:\\f1.dat","wb+"))==NULL){
        puts("文件打开错误");
        exit(0);
    }
    fwrite(a,sizeof(ST),5,fp);        //写入
    rewind(fp);
    fread(&t,sizeof(ST),1,fp);        //读取
    printf("%s,%d\n",t.name,t.age);
    fseek(fp,2*sizeof(ST),SEEK_SET);
    fread(&t,sizeof(ST),1,fp);        //读取
    printf("%s,%d\n",t.name,t.age);
    fclose(fp);
}
```

输出：_____

6. 下面程序实现写入三个整数后读取并显示，判断结果是否正确。若不正确，则写入
语句应怎样修改？

```
#include <stdio.h>
#include <stdlib.h>
int main(){
    int a=1,b=2,c=3;
    FILE  *fp;
    if((fp=fopen("C:\f1.dat","w"))==NULL){
```

```
        puts("文件打开错误");
        exit(0);
    }
    fprintf(fp,"%d%d%d",a,b,c);
    fclose(fp);
    a=b=c=0;
    fp=fopen("C:\\f1.dat","r");
    fscanf(fp,"%d%d%d",&a,&b,&c);
    printf("a=%d,b=%d,c=%d\n",a,b,c);
}
```

改正前输出：_____

修改：_____

7. 使用 fputc()函数编写程序，在文件中写入 AaBbCc...Zz 52 个英文字母，然后用记事本打开并查看结果。

8. 使用记事本建立一个文本文件，在其中输入一串字母并保存，然后编写程序，使用 fgetc()函数读取并显示。

9. 试用 fscanf()和 fprintf()函数编写程序，在一个文件中写入 100 个随机数，然后读取并显示。

10. 定义 studentType 结构体，包含 char name[10]、int age 元素，使用 fread()和 fwrite() 函数编写程序，输入 10 个学生记录并写入文件，然后顺序读取并显示。

11. 打开第 10 题编写的文件，输入整数 n，读取第 n 条记录并显示到屏幕上。若超出文件范围，则显示 not found。

12. 编写程序，实现从键盘输入若干行字符，存到一个字符数组 char s[1000]中。当输入文件结束标志符 EOF（按 Ctrl+Z 输入，其 ASCII 码为–1）时，停止输入。用 fputs()函数把输入内容存入一个文本文件中，然后用 fgets()函数按行读取并显示。

19.4　常见错误及注意事项

（1）"\" 是 C 语言中的转义字符，因此使用 "\\" 才能表示 "\" 本身。
（2）文件名中出现的文件夹名必须存在，否则打开失败。

实验 20　二级 C 语言机试真题

20.1　实验目的

全面练习提高。

20.2　实验预习

1．巩固全部所学内容。
2．预先完成实验内容部分的填空和程序编写。

20.3　实验内容

1．编写函数 fun()，功能是：将一个数字字符串转换为一个整数（不要调用 C 语言提供的将字符串转换为整数的函数）。例如，若输入字符串"–1234"，则函数把它转换为整数–1234。函数 fun()中给出的语句仅供参考。请勿改动主函数和其他函数中的任何内容，仅在函数 fun() 的花括号中填入编写的若干语句。

```c
#include <stdio.h>
#include <string.h>
long fun ( char *p){                /* 以下代码仅供参考 */
    int i, len, t;                  /* len 为串长，t 为正负标识 */
    long x=0;
    len=strlen(p);
    if(p[0]=='-') { t=-1; len--; p++; }
    else t=1;
     /* 以下完成数字字符串转换为一个整数 */

    _____
    _____

    return x*t;
}
main()                              /* 主函数 */
{
    char s[6];
    long n;
```

```
        printf("Enter a string:\n") ;
        gets(s);
        n = fun(s);
        printf("%ld\n",n);
    }
```

2. 编写函数 fun()，功能是：依次取出字符串中所有数字字符，形成新的字符串，并取代原字符串。改正函数 fun() 中指定部位（found 注释的下一行）的错误，使它能得出正确的结果。注意：不要改动主函数，不要增行或删行，也不要更改程序的结构。

```c
#include <stdio.h>
void fun(char *s){
    int i,j;
    for(i=0,j=0; s[i]!='\0'; i++)
    if(s[i]>='0' && s[i]<='9')
    /*********found*********/
    s[j]=s[i];
    /*********found*********/
    s[j]="\0";
}
main(){
    char item[80];
    printf("\nEnter a string : ");gets(item);
    printf("\n\nThe string is : \"%s\"\n",item);
    fun(item);
    printf("\n\nThe string of changing is : \"%s\"\n",item );
}
```

3. 编写函数 fun()，功能是：将 M 行 N 列的二维数组中的字符数据，按列的顺序依次放到一个字符串中。例如，二维数组中的字符数据为

W　　W　　W　　W
S　　S　　S　　S
H　　H　　H　　H

则字符串中的内容为

WSHWSHWSHWSH。

请勿改动主函数和其他函数中的任何内容，仅在函数 fun() 的花括号中填入编写的若干语句。

```c
#include <stdio.h>
#define M 3
#define N 4
void fun(char s[][N], char *b){
    int i,j,n=0;
```

```
        for(i=0; i < N;i++)                     /* 请填写相应语句，完成其功能 */
        {   _____

            _____

            _____
        }
        b[n]='\0';
}
main(){
    char a[100],w[M][N]={{'W','W','W','W'},{'S','S','S','S'},{'H','H','H','H'}};
    int i,j;
    printf("The matrix:\n");
    for(i=0; i<M; i++){
    for(j=0;j<N; j++)printf("%3c",w[i][j]);
    printf("\n");
    }
    fun(w,a);
    printf("The A string:\n");puts(a);
    printf("\n\n");
}
```

4. 程序通过定义学生结构体变量，存储了学生的学号、姓名和3门课的成绩。所有学生数据均以二进制方式输出到文件中。函数 fun()的功能是：重写形参 filename 所指文件中最后一个学生的数据，即用新的学生数据覆盖原来的学生数据，其他学生的数据不变。填空完成程序，使程序得出正确的结果。

```
#include <stdio.h>
#define N 5
typedef struct student {
    long sno;
    char name[10];
    float score[3];
} STU;
void fun(char *filename, STU n){
    FILE *fp;
    /**********found**********/
    fp = fopen(____, "rb+");
    /**********found**********/
    fseek(____, -1L*sizeof(STU), SEEK_END);
    /**********found**********/
    fwrite(&n, sizeof(STU), 1, ____);
    fclose(fp);
}
```

```
main(){
    STU t[N]={ {10001,"MaChao", 91, 92, 77}, {10002,"CaoKai", 75, 60, 88},
               {10003,"LiSi", 85, 70, 78}, {10004,"FangFang", 90, 82, 87},
               {10005,"ZhangSan", 95, 80, 88}};
    STU n={10006,"ZhaoSi", 55, 70, 68}, ss[N];
    int i,j; FILE *fp;
    fp = fopen("student.dat", "wb");
    fwrite(t, sizeof(STU), N, fp);
    fclose(fp);
    fp = fopen("student.dat", "rb");
    fread(ss, sizeof(STU), N, fp);
    fclose(fp);
    printf("\nThe original data :\n\n");
    for (j=0; j<N; j++){
        printf("\nNo: %ld Name: %-8s Scores: ",ss[j].sno, ss[j].name);
        for (i=0; i<3; i++) printf("%6.2f ", ss[j].score[i]);
        printf("\n");
    }
    fun("student.dat", n);
    printf("\nThe data after modifing :\n\n");
    fp = fopen("student.dat", "rb");
    fread(ss, sizeof(STU), N, fp);
    fclose(fp);
    for (j=0; j<N; j++){
        printf("\nNo: %ld Name: %-8s Scores: ",ss[j].sno, ss[j].name);
        for (i=0; i<3; i++) printf("%6.2f ", ss[j].score[i]);
        printf("\n");
    }
}
```

5. 编写函数 fun()，功能是：统计一行字符串中单词的个数，作为函数值返回。一行字符串在主函数中输入，规定所有单词由小写字母组成，单词之间由若干个空格隔开，一行的开始没有空格。请勿改动主函数和其他函数中的任何内容，仅在函数 fun() 的花括号中填入编写的若干语句。

```
#include <stdio.h>
#include <string.h>
#define N 80
int fun( char *s)
{
    //补充代码
```

```
            _____
            _____
            _____
}
main() {
    char line[N]; int num=0;
    printf("Enter a string :\n"); gets(line);
    num=fun( line );
    printf("The number of word is : %d\n\n",num);
}
```

6. 编写函数 fun()，功能是：统计各年龄段的人数。N 个年龄数据通过调用随机函数获得，并放在主函数的 age 数组中；要求函数把 0～9 岁年龄段的人数放在 d[0] 中，把 10～19 岁年龄段的人数放在 d[1] 中，把 20～29 岁年龄段的人数放在 d[2] 中，其余以此类推，把 100 岁（含 100 岁）以上年龄的人数都放在 d[10] 中，结果在主函数中输出。请勿改动主函数和其他函数中的任何内容，仅在函数 fun() 的花括号中填入编写的若干语句。

```
#include <stdio.h>
#define N 50
#define M 11
void fun( int *a, int *b)
{

            _____
            _____
            _____

}
double rnd()
{    static t=29,c=217,m=1024,r=0;
     r=(r*t+c)%m; return((double)r/m);
}
main()
{    int age[N], i, d[M];
     for(i=0; i<N;i++)age[i]=(int)(115*rnd());
     printf("The original data :\n");
     for(i=0;i<N;i++) printf((i+1)%10==0?"%4d\n":"%4d",age[i]);
     printf("\n\n");
     fun( age, d);
     for(i=0;i<10;i++)printf("%4d---%4d : %4d\n",i*10,i*10+9,d[i]);
     printf(" Over 100 : %4d\n",d[10]);
}
```

7. 编写函数 fun()，功能是：删除一维数组中所有相同的数，使每个数只剩一个。数组中的数已按由小到大的顺序排列，函数返回删除后数组中数据的个数。例如，一维数组中的数据是：2 2 2 3 4 4 5 6 6 6 6 7 7 8 9 9 10 10 10 10。删除后，数组中的内容应该是：2 3 4 5 6 7 8 9 10。请勿改动主函数和其他函数中的任何内容，仅在函数 fun() 的花括号中填入编写的若干语句。

```c
#include <stdio.h>
#define N 80
int fun(int a[], int n){
    //补充代码

    _____
    _____
    _____
}
main(){
    int a[N]={2,2,2,3,4,4,5,6,6,6,6,7,7,8,9,9,10,10,10,10},i,n=20;
    printf("The original data :\n");
    for(i=0; i<n; i++)printf("%3d",a[i]);
    n=fun(a,n);
    printf("\n\nThe data after deleted :\n");
    for(i=0;i<n;i++)printf("%3d",a[i]); printf("\n\n");
}
```

8. 编写函数 fun()，功能是：根据形参 i 的值返回某个函数的值。当调用正确时，程序输出 x1=5.000000,x2=3.000000,x1*x1+x1*x2=40.000000。填空完成程序，使程序得出正确的结果。

```c
#include <stdio.h>
double f1(double x){ return x*x; }
double f2(double x, double y){ return x*y; }
_____ fun(int i, double x, double y){
    if (i==1) return _____(x);
    else  return _____(x, y);
}
main(){
    double x1=5,x2=3,r;
    r=fun(1,x1,x2);
    r+=fun(2,x1,x2);
    printf("\nx1=%f,x2=%f,x1*x1+x1*x2=%f\n\n",x1,x2,r);
}
```

9. 函数 fun() 的功能是：比较两个字符串，将长的字符串的首地址作为函数值返回。改正函数 fun() 中指定部位的错误，使它能得出正确的结果。注意：不要改动主函数，不要增行或删行，也不要更改程序的结构。

```c
#include <stdio.h>
/**********found**********/
```

```
char fun (char *s, char *t){
    int sl=0,tl=0; char *ss, *tt;
    ss=s; tt=t;
    while(*ss){
        sl++;
        /**********found**********/
        (*ss)++;
    }
    while(*tt) {
        tl++;
        /**********found**********/
        (*tt)++;
    }
    if(tl>sl) return t;
    else return s;
}
main(){
    char a[80],b[80],*p,*q; int i;
    printf("\nEnter a string : "); gets(a);
    printf("\nEnter a string again : "); gets(b);
    printf("\nThe longer is :\n\n\"%s\"\n",fun(a,b));
}
```

10. 函数 fun() 的功能是：求出数组中的最大数和次大数，并把最大数和 a[0] 中的数对调，次大数和 a[1] 中的数对调。改正程序中指定部位的错误，使程序能得出正确的结果。注意：不要改动主函数，不要增行或删行，也不要更改程序的结构。

```
#include <stdio.h>
#define N 20
int fun ( int * a, int n ){
    int i, m, t, k ;
    for(i=0;i<2;i++) {
        /**********found**********/
        m=0;
        for(k=i+1;k<n;k++)
        /**********found**********/
        if(a[k]>a[m]) k=m;
        t=a[i];a[i]=a[m];a[m]=t;
    }
}
main()
```

```
    {    int x, b[N]={11,5,12,0,3,6,9,7,10,8}, n=10, i;
         for ( i=0; i<n; i++ ) printf("%d ", b[i]);
         printf("\n");
         fun ( b, n );
         for ( i=0; i<n; i++ ) printf("%d ", b[i]);
         printf("\n");
    }
```

11. 编写函数 unsigned fun(unsigned w)，w 是一个大于 10 的无符号整数，若 w 是 n（n≥2）位的整数，函数求出 w 的低 n−1 位的数作为函数值返回。例如，w 为 5923，则函数返回 923；w 为 923，则函数返回 23。不要改动主函数和其他函数中的任何内容，仅在函数 fun() 的花括号中填入编写的若干语句。

```
#include <stdio.h>
unsigned fun ( unsigned w )
{

    _____

    _____

    _____

}
main()
{    unsigned x;
     printf ( "Enter a unsigned integer number : " ); scanf ( "%u", &x );
     printf ( "The original data is : %u\n", x );
     if ( x < 10 ) printf ("Data error !");
     else printf ( "The result : %u\n", fun ( x ) );
}
```

12. 函数 fun() 的功能是：将不带头节点的单向链表节点数据域中的数据从小到大排序。即若原链表节点数据域从头到尾的数据为 10、4、2、8、6，则排序后链表节点数据域从头到尾的数据为 2、4、6、8、10。填空完成程序，使程序得出正确的结果。注意：不要增行或删行，也不要更改程序的结构。

```
#include <stdio.h>
#include <stdlib.h>
#define N 6
typedef struct node {
    int data;
    struct node *next;
} NODE;
void fun(NODE *h)
{    NODE *p, *q; int t;
     p = h;
```

```
    while (p) {
        /*********found*********/
    q = _____ ;
    /*********found*********/
    while (_____)
    {     if (p->data > q->data)
        {    t = p->data;
             p->data = q->data;
             q->data = t;
        }
        q = q->next;
    }
    /*********found*********/
    p = _____ ;
    }
}
NODE *creatlist(int a[])
{    NODE *h,*p,*q; int i;
    h=NULL;
    for(i=0; i<N; i++)
    {    q=(NODE *)malloc(sizeof(NODE));
        q->data=a[i];
        q->next = NULL;
        if (h == NULL) h = p = q;
        else { p->next = q; p = q; }
    }
    return h;
}
void outlist(NODE *h)
{    NODE *p;
    p=h;
    if (p==NULL) printf("The list is NULL!\n");
else
{    printf("\nHead ");
    do
    {    printf("->%d", p->data); p=p->next; }
        while(p!=NULL);
        printf("->End\n");
    }
}
```

```
main()
{     NODE *head;
      int a[N]= {0, 10, 4, 2, 8, 6 };
      head=creatlist(a);
      printf("\nThe original list:\n");
      outlist(head);
      fun(head);
      printf("\nThe list after inverting :\n");
      outlist(head);
}
```

13. 函数 fun() 的功能是：判定形参 a 所指的 $N \times N$（规定 N 为奇数）的矩阵是否是"幻方"。若是，则函数返回值为 1；若不是，则函数返回值为 0。"幻方"的判定条件是：矩阵每行、每列、主对角线及反对角线上元素之和都相等。例如，以下 3×3 的矩阵就是一个"幻方"：

$$4 \quad 9 \quad 2$$
$$3 \quad 5 \quad 7$$
$$8 \quad 1 \quad 6$$

填空完成程序，使程序得出正确的结果。注意，不要增行或删行，也不要更改程序的结构。

```
#include <stdio.h>
#define N 3
int fun(int (*a)[N])
{    int i,j,m1,m2,row,colum;
     m1=m2=0;
     for(i=0;  i<N;  i++)
     {
         j=N-i-1;
         m1+=a[i][i];
         m2+=a[i][j];
     }
     if(m1!=m2) return 0;
     for(i=0;  i<N;  i++){
         /**********found**********/
         row=colum= ____;
         for(j=0;  j<N;  j++)
         {    row+=a[i][j];
              colum+=a[j][i];
         }
         /**********found**********/
         if( (row!=colum) ____  (row!=m1) ) return 0;
```

```
        }
        /**********found**********/
        return ____;
    }
main()
{   int x[N][N],i,j;
    printf("Enter number for array:\n");
    for(i=0; i<N; i++)
    for(j=0; j<N; j++) scanf("%d",&x[i][j]);
    printf("Array:\n");
    for(i=0; i<N; i++)
    {   for(j=0; j<N; j++) printf("%3d",x[i][j]);
        printf("\n");
    }
    if(fun(x)) printf("The Array is a magic square.\n");
    else printf("The Array isn't a magic square.\n");
}
```

14. 函数 fun()的功能是：计算 s 所指字符串中含有 t 所指字符串的数目，并作为函数值返回。改正函数 fun()中指定部位的错误，使它能得出正确的结果。注意：不要改动主函数，不要增行或删行，也不要更改程序的结构。

```
#include <stdio.h>
#include <string.h>
#define N 80
int fun(char *s, char *t)
{   int n;
    char *p , *r;
    n=0;
    while ( *s )
    {   p=s;
        /**********found**********/
        r=p;
        while(*r)
        if(*r==*p) { r++; p++; }
        else break;
        /**********found**********/
        if(*r= 0)n++;
        s++;
    }
    return n;
```

```
     }
main()
{    char a[N],b[N]; int m;
     printf("\nPlease enter string a : "); gets(a);
     printf("\nPlease enter substring b : "); gets( b );
     m=fun(a, b);
     printf("\nThe result is : m = %d\n",m);
}
```

15. 编写函数 fun()，功能是：将放在字符串数组中的 *M* 个字符串（每串的长度不超过 *N*），按顺序合并组成一个新的字符串。函数 fun() 中给出的语句仅供参考。例如，字符串数组中的 *M* 个字符串为

AAAA

BBBBBBB

CC

则合并后的字符串的内容应为 AAAABBBBBBBCC。

提示：strcat(a,b) 的功能是将字符串 b 复制到字符串 a 的串尾，成为一个新字符串。不要改动主函数和其他函数中的任何内容，仅在函数 fun() 的花括号中填入编写的若干语句。

```
#include <stdio.h>
#define M 3
#define N 20
void fun(char a[M][N], char *b)
{
    /* 以下代码仅供参考 */
    int i; *b=0;

    _____

    _____

    _____
}
main()
{    char w[M][N]={"AAAA","BBBBBBB","CC"}, a[100];
     int i ;
     printf("The string:\n");
     for(i=0; i<M; i++)puts(w[i]);
     printf("\n");
     fun(w,a);
     printf("The A string:\n");
     printf("%s",a);printf("\n\n");
}
```

16. 函数 fun() 的功能是：用函数指针指向要调用的函数，并进行调用。规定在 2 处使 f

指向函数 f1()，在 3 处使 f 指向函数 f2()。当调用正确时，程序输出 x1=5.000000,x2=3.000000,
x1*x1+x1*x2=40.000000。填空完成程序，使程序得出正确的结果。不要增行或删行，也不要
更改程序的结构。

```c
#include <stdio.h>
double f1(double x){ return x*x; }
double f2(double x, double y){ return x*y; }
double fun(double a, double b)
{
    /*********found*********/
    __1__  (*f)();
    double r1, r2;
    /*********found*********/
    f = __2__ ; /* point fountion f1 */
    r1 = f(a);
    /*********found*********/
    f = __3__ ; /* point fountion f2 */
    r2 = (*f)(a, b);
    return r1 + r2;
}
main()
{   double x1=5, x2=3, r;
    r = fun(x1, x2);
    printf("\nx1=%f,x2=%f,x1*x1+x1*x2=%f\n",x1, x2, r);
}
```

17. 函数 fun()的功能是：利用插入排序法对字符串中的字符按从小到大的顺序进行排序。
插入排序法的基本算法是：先对字符串中的头两个字符进行排序；然后把第三个字符插入到
前两个字符中，插入后前三个字符依然有序；再把第四个字符插入到前三个字符中，以此类
推。待排序的字符串已在主函数中给出。改正程序中指定部位的错误，得出正确结果。注意：
不要改动主函数，不要增行或删行，也不要更改程序的结构。

```c
#include <stdio.h>
#include <string.h>
#define N 80
void insert(char *aa)
{   int i,j,n; char ch;
    /*********found*********/
    n=strlen[ aa ];
    for( i=1; i<n ;i++ ) {
        /*********found*********/
        c=aa[i];
```

```
        j=i-1;
        while ((j>=0) && ( ch<aa[j] ))
        {   aa[j+1]=aa[j];
            j--;
        }
        aa[j+1]=ch;
    }
}
main()
{   char a[N]="QWERTYUIOPASDFGHJKLMNBVCXZ";
    int i ;
    printf ("The original string : %s\n", a);
    insert(a) ;
    printf("The string after sorting : %s\n\n",a );
}
```

18．函数 fun() 的功能是：求出形参 ss 所指字符串数组中最长字符串的长度，将其余字符串的右侧用字符*补齐，使其与最长的字符串等长。ss 所指字符串数组中共有 *M* 个字符串，且串长<*N*。填空完成程序，使程序得出正确的结果。注意：不要改动主函数，不要增行或删行，也不要更改程序的结构。

```
#include <stdio.h>
#include <string.h>
#define M 5
#define N 20
void fun(char (*ss)[N])
{   int i, j, n, len=0;
    for(i=0; i<M; i++)
    {   len=strlen(ss[i]);
        if(i==0) n=len;
        if(len>n)n=len;
    }
    for(i=0; i<M; i++) {
    /**********found**********/
    n=strlen(_____);
    for(j=0; j<len-n; j++)
    /**********found**********/
    ss[i][_____]='*';
    /**********found**********/
    ss[i][n+j+_____]='\0';
    }
}
```

```
main()
{   char ss[M][N]={"shanghai","guangzhou","beijing","tianjing","cchongqing"};
    int i;
    printf("The original strings are :\n");
    for(i=0; i<M; i++) printf("%s\n",ss[i]);
    printf("\n");
    fun(ss);
    printf("The result is :\n");
    for(i=0; i<M; i++) printf("%s\n",ss[i]);
}
```

19．fun()函数的功能是：将 p 所指字符串中每个单词的最后一个字母改成大写（这里的
"单词"是指由空格隔开的字符串）。例如，若输入"I am a student to take the examination."，
则应输出"I aM A studenT tO takE thE examinatioN."。请修改程序中指定部位的错误，得出正
确的结果。注意：不要改动主函数，不要增行或删行，也不要更改程序的结构。

```
#include <ctype.h>
#include <stdio.h>
void fun( char *p ){
    int k = 0;
    for( ; *p; p++ )
    if( k ){
        /**********found**********/
        if( p == ' ' ){
            k = 0;
            /**********found**********/
            * (p-1) = toupper( *( p - 1 ) )
        }
    }
    else
        k = 1;
}
main(){
    char chrstr[64];
    int d ;
    printf( "\nPlease enter an English sentence within 63 letters: ");
    gets(chrstr);
    d=strlen(chrstr) ;
    chrstr[d] = ' ' ;
    chrstr[d+1] = 0 ;
    printf("\n\nBefore changing:\n %s", chrstr);
```

```
    fun(chrstr);
    printf("\nAfter changing:\n %s", chrstr);
}
```

20. 函数 fun()的功能是：在 p 所指字符串中找出 ASCII 码值最大的字符，将其放在第 1 个位置上；并将该字符前的原字符向后顺序移动。例如，调用 fun()函数之前给字符串输入 ABCDeFGH，调用后字符串中的内容为 eABCDFGH。改正程序中指定部位的错误，得出正确结果。注意：不要改动主函数，不要增行或删行，也不要更改程序的结构。

```
#include <stdio.h>
fun(char *p)
{   char max,*q; int i=0;
    max=p[i];
    while(p[i]!=0)
    {   if(max<p[i])
        {   max=p[i];
            /**********found**********/
            q=p+i
        }
        i++;
    }
    /**********found**********/
    wihle(q>p)
    {   *q=*(q-1);
        q--;
    }
    p[0]=max;
}
main()
{   char str[80];
    printf("Enter a string: ");
    gets(str);
    printf("\nThe original string: ");
    puts(str);
    fun(str);
    printf("\nThe string after moving: ");
    puts(str);
    printf("\n\n");
}
```

实验 21　综合程序设计练习（三）

21.1　实验目的

进行全面练习。

21.2　实验预习

1. 巩固全部内容。
2. 预先完成实验内容部分的程序编写。

21.3　实验内容

1. 编写程序，输出本年度日历表（公历），要求输入月值，输出此月日历表。

2. 编写程序，对一篇英文文章进行单词分析，能够统计出每个单词的使用次数，然后把每个单词及使用次数，按单词的字母表次序排序，并写入另一个文件中，写入结果可参考下面内容。原材料文件名通过输入获取，预先用记事本编写。

a	30
be	5
break	3
car	1
the	20

3. 编写程序，对全班同学的学号，姓名，出生年、月、日，电话号码进行管理，可进行查询、增加、修改、删除操作。

4. 编写程序，实现对任意文件的加密和解密操作。

5. 编写程序，实现读取操作并以十六进制数方式显示内存区域内容。

6. 编写程序，实现最长不下降序列问题，输出一个数组中全部最长不下降序列。

什么是最长不下降序列？设有 n 个不同的整数组成的数列 a(1)、a(2)、…、a(n)，a(i)<a(j) (i<j 或 i>j)或 a(i)>a(j) (i<j 或 i>j)。若存在 i_1<i_2<…< i_e，且 a(i_1)<a(i_2)<…<a(i_e)，则称该序列为长度为 e 的最长不下降序列。如有 3、18、7、14、10、12、23、41、16、24，则 3、18、23、24 就是一个长度为 4 的最长不下降序列，同时 3、7、10、12、16、24 也是一个长度为 6 的最长不下降序列。

附录 A　主教材课后习题答案解析

习题 1

1-1　答案：指令系统是计算机硬件的语言系统，也叫机器语言，指机器所具有的全部指令的集合，它是软件和硬件的主要界面，反映了计算机所拥有的基本功能。

1-2　答案：机器语言

1-3　答案：

（1）预处理，包括语法检查等工作；

（2）由源程序生产汇编语言代码；

（3）编译器生成目标代码，一个源文件生成一个目标代码；

（4）连接器从目标代码生成可执行文件。

1-4　答案：

```
Good morning,everyone!
Good morning,Mr.Zhong!
```

1-5　答案：

```
#include <stdio.h>
int main()
{
    printf("***************************\n");
    printf("    Welcome To C World!\n");
    printf("***************************\n");
    return 0;
}
```

1-6　答案：换行

习题 2

2-1　答案：

（1）B　解析：A、D 为字符串常量，C 为标识符。

（2）C　解析：双引号引起的才是字符串常量。

（3）C　解析：A、B 不完整，D 为字符串。

（4）A　解析：'\072'为转义字符，以 3 位八进制数方式给出 ASCII 码。

（5）B　解析：\t、\"、\n 都是转义字符，都是 1 个字符。

（6）D　解析：A 为转义字符换行，B 为八进制数方式给出的 ASCII 码，C 为十六进制数方式给出的 ASCII 码，D 为十六进制数，已经有两位数 23，H 不是十六进制的有效字符。

（7）D　解析：A 含有违法符号#，B 用数字开头，C 是关键字，都不对。

（8）C　解析：输出时，%f 和%lf 没有区别，D 中总长度不够，原样输出，而 C 失去小数。

（9）C　解析：整数必须有间隔，而空格、Tab、回车、逗号都是字符数据。

（10）C　解析：转义字符给出 ASCII 码只有'\xhh'形式，\0xhh 已构成字符串。

（11）C　解析：0、1、'\0'、'0'、'1'的值分别为 0、1、0、48、49。

2-2 答案：

a　0100 0001

b　0110 0001

c　0100 0001

d　0100 0001

e　0000 0000

f　0011 0000

g　0011 0000

2-3 答案：

（1）K,换行

解析：c 中包含 A 的 ASCII 码 65，加 10 变为 75，是 K 的 ASCII 码，10 是换行符的 ASCII 码，故用字符输出，起换行作用。

（2）49,1,54,6,66

解析：%c 为数值，作为 ASCII 码对应的字符，%o 为八进制方式。

（3）66 B 65 A

解析：%c 为数值，作为 ASCII 码对应的字符。

（4）68

解析：两位读入 x 为 12，读取两位 34 丢弃，读取两位 56 给 y，故和为 68。

（5）54

解析：%c 只能读取单个字符，故只能得到'6'，用整型方法输出，即输出其 ASCII 码为 54。

（6）A,65

解析：char 只占 1 个字节空间，321 转换成二进制数为 1 0100 0001，只能保留 0100 0001，即 65，对应 A 的 ASCII 码。

2-4 答案：

（1）错。两个语句间应用分号。

（2）错。C 语言中的关键字都是小写的。

（3）错。不是 C 语言中的声明格式。

（4）错。if 不能作为变量名。

（5）错。少分号。

（6）错。int 为小写，多个变量中间用逗号分隔。

（7）错。x 变量重复声明。

2-5 答案：char、short int、int、long、float、double。

2-6 答案：

字符常量，单引号引起一个字符。

十进制整型，直接写十进制整数。

八进制整型，0 开头的数字序列（0～7）。

十六进制整型，0x 开头的数字序列（0～F）。

浮点常量，带小数点的数字序列。

科学计数法，用 aeb 表示，b 表示 10^b。

浮点型带 f，双精度不带 f。

字符串常量，双引号引起的字符序列。

2-7 答案：

合法的有：123，3.1415926，'M'，'\n'，0x12b，0.12E-3，"Hello"

解析：0923 八进制数中没有 9；0xAH 十六进制数只有 0～9、A～F；3.5E-3.12 科学计数法后面必须为整数。

2-8 答案：

a=157,b=31.6,c=2

解析：当输入格式串中有非格式字符时，必须原样输入。

习题 3

3-1　答案：

（1）D

解析：

A．'a'&&'b'，'a'为 97，'b'为 98，均为非零值，结果为 1。

B．a<=b，因为 int a=3、b = 4、c = 5，a<=b 成立，结果为 1。

C．a||b+c&&b-c，因为+、-的优先级高于逻辑运算符，故等价于 a||(b+c)&&(b-c)，而 a 非零，结果为 1。

D．!((a<b)&&!c||1)，因为最后为|| 1，所以圆括号内结果一定为 1，取反结果为 0。

（2）D　解析：混合运算时，低类型会转换为高类型，结果为高类型。

（3）D　解析：a*a 为 9，但此时变量值为 3，并没变，执行 a-=9，表达式的值为-6，同时 a 变量的值也变为-6，再执行 a+=a，故结果为-12。

（4）B　解析：两个运算符均为单目运算符，优先级相同，看结合方向，结合方向为从右向左，相当于-(a++)，故表达式的值为-3。而-是单功能运算符，只产生表达式值，并不改变变量的值。

（5）D　解析：由于 sqrt()返回值为 double 类型，故结果为 double 类型。

（6）D

解析：

A．b%a，%要求运算量为整数。

B．(-b)++，++要求只能是单个的变量，不能是复杂表达式。

C．a&b，& 要求运算量为整数。

D．a&&b，&& 允许实型量，非零值等同于 1。

（7）C　解析：C．a+b=c 中+优先级高，等同于(a+b)=c，而等号左侧必须是单个的变量。

（8）D　解析：A．a++为 1；B．++b 为 1；C．a|b，按位或为 1；D．!a 为 0。

（9）B　解析：A．a&&b 逻辑与为 1；B．a&b 按位与，(01B &10B)结果为 0；C．a^b 按位异或，结果为 3；D．a%b 结果为 1。

（10）D　解析：A．(a+1)(b−3)缺乘号；B．a−/b 出现多个运算符；C．2a 缺乘号；D．a−b++正确。

3-2 答案：

（1）14

（2）3

（3）5

（4）1

（5）1

（6）2

（7）1

（8）7

（9）0

（10）−8

（11）0

（12）28

3-3 答案：

（1）0

（2）1

（3）3

（4）3

（5）3

3-4 答案：

（1）x1=11,x2=1,x3=0

（2）y=6.500000

（3）1 1 1,2 1 1,2 2 0

（4）0,1 6,0 15 15

（5）(1)1,(2)1,(3)3,(4)3,(5)1,(6)8,(7)−8

（6）12

（7）(1)3,(2)2,(3)x=3,y=3,(4)4,(5)x=3,y=4,z=4,(6)0,(7)1

（8）8, 9

（9）3, 2

（10）1　　0　　3

3-5 答案:

（1）int a,b;

（2）x=y=0;

（3）x+=y;

（4）x++;

（5）y=x--;

3-6 答案:

```c
#include <stdio.h>
int main()
{
    int a,b,c;
    scanf("%d%d",&a,&b);
    printf("%d",a+b);
    return 0;
}
```

3-7 答案:

```c
#include <stdio.h>
int main()
{
    int a,b,c;
    printf("请输入两个整数");
    scanf("%d%d",&a,&b);
    c=a;
    a=b;
    b=c;
    printf("交换后的数为%d,%d",a,b);
    return 0;
}
```

3-8 答案:

```c
#include <stdio.h>
#include <math.h>
int main()
{
    double a,b,c,s,area;
    scanf("%lf%lf%lf",&a,&b,&c);
    s=1./2*(a+b+c);
    area=sqrt(s*(s-a)*(s-b)*(s-c));
    printf("三角形的面积为%lf",area);
    return 0;
}
```

习题 4

4-1 答案:

（1）10

解析：顺次计算。

（2）8

解析：goto m3;跳过语句 b+=a;，b+=a 未执行。

4-2 答案：

算法是指解题方案的准确而完整的描述，是一系列解决问题的清晰指令，算法代表着用系统的方法描述解决问题的策略机制。在日常生活中，做一道菜，放菜的先后顺序不一样，也许做出的味道就不一样，这就是制作这道菜的不同算法。在学习上，解决一个一元二次方程的步骤就是解决这个题目的算法。当然，同一个题目，可以有不同的算法。

4-3 答案：

结构化算法是由一些基本结构顺序组成的，就是将一个大功能的实现分为许多小功能的实现。在基本结构之间不存在向前或向后的跳转，流程的转移只存在于一个基本的结构范围内。一个非结构化的算法可以用一个等价的结构化算法代替，其功能不变。好处是可以将复杂问题简单化，让编写程序更容易，提高程序可读性且方便维护。

4-4 答案：

（1）顺序结构。程序中的各操作是按照它们出现的先后顺序执行的。从上到下，从左到右。

（2）选择（分支）结构。程序处理步骤中出现了分支，需要根据某一特定的条件选择其中的一个分支执行。

（3）循环结构。程序反复执行某个或某些操作，直到某些条件为假（或为真）时，才可终止循环。

4-5 答案：

（1）

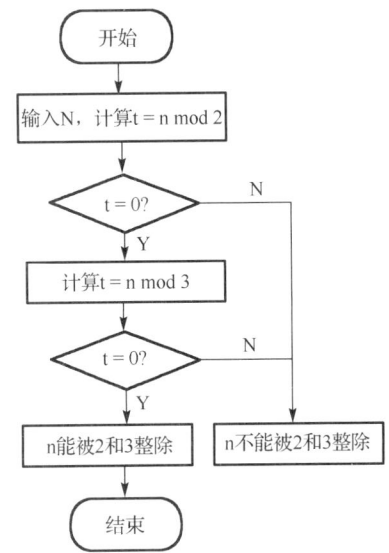

（2）

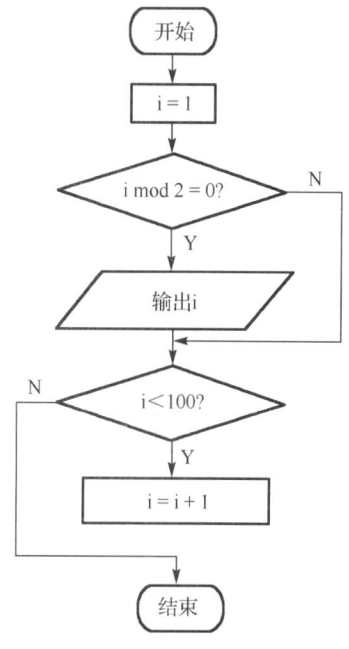

（3）

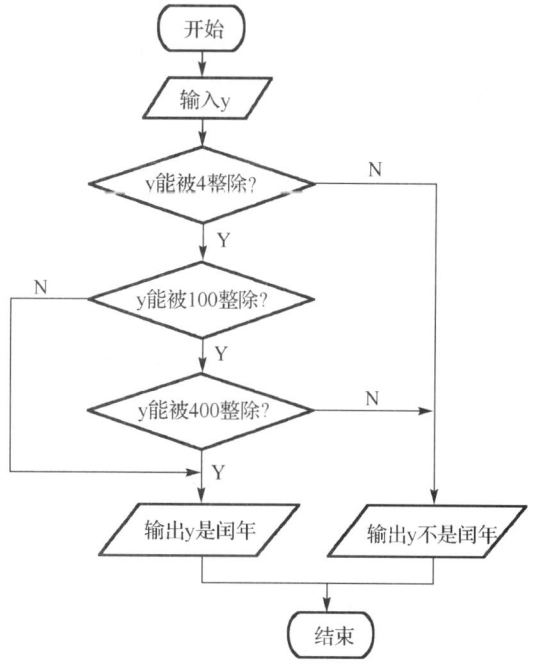

4-6 答案：

结构化程序设计是进行以模块功能和处理过程设计为主的详细设计的基本原则。结构化程序设计是过程式程序设计的一个子集，它对写入的程序使用逻辑结构，使得理解和修改更容易。

详细描述处理过程常用三种工具：图形、表格和语言。

图形：程序流程图、N-S 图。

表格：判定表。

语言：过程设计语言。

4-7 答案：

```
#include <stdio.h>
#define pi 3.1415926
int main()
{
    double r,h,s,ss,v;
    printf("请输入圆柱体的半径和高");
    s=2*pi*r*h;
    ss=s+2*pi*r*r;
    v=pi*r*r*h;
    printf("圆柱体的侧面积为%lf,总面积为%lf,体积为",s,ss,v);
    return 0;
}
```

习题 5

5-1 答案：

（1）A　解析：y=(x>0?1:x<0?–1:0);的含义为 y=1(x>0),y=–1(x<0),y=0(x=0)，故选 A。

（2）C　解析：switch()圆括号中必须为整型表达式,case 后必须为字符型常量或整型常量。

（3）C　解析：由于 char op='+', 而前两个选项无 break，故执行了

```
case '+':result=a+b;
case '-':result=a-b;
case '*':result=a*b;  break;
```

最后执行的是

```
a*b
```

（4）C

（5）B

5-2 答案：

（1）10　解析：输入 9，由于 n++表达式的值为 9，不大于 10（而 n 已变为 10），所以执行 printf("%d\n",n--);，此时 n--表达式的值为 10。

（2）6

（3）4　解析：条件运算符具有右结合性，相当于 a>b? a:(c>d?c:d)。

（4）a=7 b=8 c=7　解析：注意，if(a>b)a=b,b=c;中间用的是逗号，表示一个语句，都受 if 管辖。

（5）–4　解析：if(表达式)只要表达式的值为非 0，就执行后面的语句。

（6）3　解析：注意，else c=6;为 if(b<0)c=5;反向配对分支。

（7）6　解析：else c=6;为 if(a<0)反向配对分支。

（8）7　解析：没有 break，会继续执行。

（9）1,1　解析：第 1 个 if 只管到第 1 个分号。

5-3 答案：

```c
#include <stdio.h>
int main()
{
    int year;
    printf("请输入年份");
    scanf("%d",&year);
    if (year%4==0&&year%100!=0||year%400==0)
        printf("%d 年是闰年",year);
    else printf("%d 年不是闰年",year);
    return 0;
}
```

5-4 答案：

```c
#include <stdio.h>
int  main()
{
    int a;
    printf("请输入一个数");
    scanf("%d",&a);
    if(a%2==0) printf("%d 是偶数",a);
    else printf("%d 是奇数",a);
    return 0;
}
```

5-5 答案：

```c
#include <stdio.h>
int main(){
    int a,b,c,d;
    printf("请输入一个不多于 3 位的正整数");
    scanf("%d",&a);
    if(a<0||a>1000)printf("输入错误\n");
    else{
        if(a<10) printf("%d 是一位数\n",a);
        else if (a<100) {
            b=a/10;
            c=a%10;
            printf("%d 是两位数,十位是%d,个位是%d\n",a,b,c);
            printf("反序数字为%d,%d\n",c,b);
        }
        else{
            b=a/100;
            c=a/10%10;
            d=a%10;
            printf("%d 是三位数,百位是%d,十位是%d,个位是%d\n",a,b,c,d);
            printf("反序数字为%d,%d,%d\n",d,c,b);
```

```
        }
    }
    return 0;
}
```

5-6 答案：

```
#include <stdio.h>
int main(){
    double a,b,c;
    printf("请输入三条边的长度");
    scanf("%lf%lf%lf",&a,&b,&c);
    if (a+b>c&&a+c>b&&b+c>a)
        printf("可以构成三角形");
    else printf("不可以构成三角形");
    return 0;
}
```

5-7 答案：

```
#include <stdio.h>
#include <math.h>
int main() {
    float a,b,c,p,x1,x2;
    /*a,b,c 为方程的系数,p 用来存放 b*b-4ac 的值,x1,x2 存放解*/
    scanf("%f%f%f",&a,&b,&c);
    if(a==0&&b==0) {
        if(c==0) printf("有无穷多个解");
        else printf("无解");
    }
    else if(a==0&&b!=0) {
        printf("方程的解为:%f",-c/b);
    }
    else if(a!=0) {
        p=b*b-4*a*c;
        if(p<0) {
            printf("没有实数解");
        }
        else {
            x1=(-b+sqrt(fabs(p)))/(2*a);
            x2=(-b-sqrt(fabs(p)))/(2*a);
            printf("两个解为:%f and %f",x1,x2);
        }
    }
    return 0;
}
```

5-8 答案：

```
#include <stdio.h>
int main(){
```

```
    float score;
    scanf("%f",&score);
    if (score>=90) printf("A");
    else if (score>=80) printf("B");
    else if (score>=70) printf("C");
    else if (score>=60) printf("D");
    else printf("E");
    return 0;
}
```

5-9 答案:

```
#include <stdio.h>
int main(){
    float a,b,c;
    scanf("%f%f%f",&a,&b,&c);
    if(a>b&&a>c){
        printf("%f,",a);
        if (b>c) printf("%f,%f",b,c);
        else printf("%f,%f",c,b);
    }
    else if (b>c){
        printf("%f,",b);
        if (c>a) printf("%f,%f",c,a);
        else printf("%f,%f",a,c);
    }
    else{
        printf("%f,",c);
        if (b>a) printf("%f,%f",b,a);
        else printf("%f,%f",a,b);
    }
    return 0;
}
```

5-10 答案:

```
#include <stdio.h>
int main()
{
    char c;
    scanf("%c",&c);
    if(c>='a'&&c<='z') c-=32;
    else if (c>='A'&&c<='Z') c+=32;
    printf("%c",c);
    return 0;
}
```

5-11 答案:

```
#include <stdio.h>
int main()
{
```

```
int y,m,d,days,February;
printf("input the year:");
scanf("%d",&y);
printf("input the mouth:");
scanf("%d",&m);
printf("input the day:");
scanf("%d",&d);
if (y%400==0||(y%4==0&&y%100!=0))
    February=29;
else
    February=28;
    switch (m) {
        case 1:
            days=0;
            printf("%d年%d月%d日是一年中的第%d天! ",y,m,d,days+d);
            break;
        case 2:
            days=31;
            printf("%d年%d月%d日是一年中的第%d天! ",y,m,d,days+d);
            break;
        case 3:
            days=31+February;
            printf("%d年%d月%d日是一年中的第%d天! ",y,m,d,days+d);
            break;
        case 4:
            days=62+February;
            printf("%d年%d月%d日是一年中的第%d天! ",y,m,d,days+d);
            break;
        case 5:
            days=92+February;
            printf("%d年%d月%d日是一年中的第%d天! ",y,m,d,days+d);
            break;
        case 6:
            days=123+February;
            printf("%d年%d月%d日是一年中的第%d天! ",y,m,d,days+d);
            break;
        case 7:
            days=153+February;
            printf("%d年%d月%d日是一年中的第%d天! ",y,m,d,days+d);
            break;
        case 8:
            days=184+February;
            printf("%d年%d月%d日是一年中的第%d天! ",y,m,d,days+d);
            break;
        case 9:
            days=215+February;
            printf("%d年%d月%d日是一年中的第%d天! ",y,m,d,days+d);
```

```
                break;
            case 10:
                days=245+February;
                printf("%d 年%d 月%d 日是一年中的第%d 天！",y,m,d,days+d);
                break;
            case 11:
                days=276+February;
                printf("%d 年%d 月%d 日是一年中的第%d 天！",y,m,d,days+d);
                break;
            case 12:
                days=306+February;
                printf("%d 年%d 月%d 日是一年中的第%d 天！",y,m,d,days+d);
                break;
            default:
                printf("你输入的月份错误!");
        }
        return 0;
    }
```

习题 6

6-1 答案：

（1）C　解析：读入 3 个字符分别是 0、1 和\n，由于没有 break，输入 0 时，输出 another number，输入 1 时，输出 number，\n 没有匹配项。

（2）C

（3）A　解析：第 1 次循环，!i 就为 0，退出循环，n 只加了 1 次。

（4）B　解析：是赋值符=，不是关系判断符——。

（5）A　解析：由于 b 在循环中并没有进行自增运算，赋 3 值后不再变化，导致 break 不会得到执行，a 加到 101 后正常退出。

6-2 答案：

（1）6

（2）无限次

解析：i=0，if(i<1) continue;跳过了 i++，导致死循环。

（3）y=-1

解析：while(y--);的循环体为空语句，当 y—为 0 时退出，y 变为-1。

（4）88898787

解析：注意，没有 break 时，会继续执行。

（5）0,2,-1

解析：x<5 恒成立，z-->0 成立 3 次，y 减了 3 次。

6-3 答案：

```
#include <stdio.h>
int main()
{
```

```
        int n,s=0,m;              //s 存放累加值，初值为 0；m 存放终止值 2*n
        scanf("%d",&n);
        m=2*n;   //终止条件，将 2*n 放在变量 m 中，防止 n 发生变化时，2*n 也发生变化
        if(n>=0)//对 n 值的正、负进行判断
            while(n<=m){s+=n;n++;}
                /*for 循环和 while 循环此处处理的区别在于自变量的放置位置，
                也可以写成 while(n++<=m)  s+=n; */
        else
            while(n>=m){s+=n;n--;}
        printf("s=%d\n",s);         //输出累加后的值
}
```

6-4 答案：

```
#include <stdio.h>
#include <math.h>
int main(){    /*编写程序思想，只要找到这个数的一个因子（既不是 1 也不是它本身）
                就说明不是素数，反之是素数*/
  int i=0,a=0,k=0;
  printf("输入 a:");
  scanf("%d",&a);
  k=(int)sqrt(a);
  for(i=2;i<=k;i++)
    //从 2 到 k 中寻找 a 的一个较小因子，一旦找到后终止循环，否则直到循环结束时终止
        if(a%i==0)break;
  if(i<=k)            //此条件表示上述循环为非正常结束跳出的，即在循环中找到了素数因子
        printf("%d 不是一个素数.\n",a);
  else                //循环正常结束，即没有找到素数因子
        printf("%d 是一个素数.\n",a);
}
```

6-5 答案：

```
#include <stdio.h>
void  main(){
    int i,j,sum=0 ;
    for(i=1;i<=1000;i++){   //在 1～1000 中寻找所有可能的完数
        for(j=i-1;j>0;j--){   //寻找这个数的所有可能因子
            if(i%j== 0)//当 i 对 j 取余为 0 时，j 是 i 的一个因子
                sum=sum+j ;   //将所有 i 的因子累加，和放到 sum 中
        }
        if(sum == i)            //如果 i 等于它的因子之和 sum，则这个数 i 是完数
            printf("%d 是完数 ", i);
        sum = 0 ;               //找到一个完数后，sum 清零，为下次寻找做准备
    }
}
```

6-6 答案：

```
#include<stdio.h>
int main(){
```

```
    int a,b,c,i;
    for(i=100;i<1000;i++){//寻找所有可能的三位数
     a=i/100;              //取三位数的百位
        b=(i-a*100)/10;    //取三位数的十位
        c=i%10;            //取三位数的个位
        if(i==a*a*a+b*b*b+c*c*c)//判断这个三位数是否与其个、十、百位数的立方和相等
            printf("%d ",i);  //条件成立，输出此水仙花数
    }
}
```

6-7 答案：

```
#include <stdio.h>
int main(){
    float sn=100.0f ,hn=sn/2;
    int n;
    for(n=2;n<=10;n++){
        sn=sn+hn;//第 n 次落地时共经过的米数
        hn=hn/2; //第 n 次反跳高度
    }
    printf("十次落地后共经过%f 米 \n",sn);
    printf("第十次的高度是%f 米 \n",hn);
}
```

6-8 答案：

```
#include <stdio.h>
#include <stdlib.h>
void  main(){
/*编写程序思想：用穷举的方法找出大、中、小马的匹数，
其中分别用变量 dm，zm，xm 表示，其中大马最多为 dm=100/3+1=34，
中马为 zm=100/50-dm，小马为 100-dm-zm */
int dm,zm,xm;
for(dm=0;dm<34;dm++)              //以大马的最大数为穷举数，作为外重循环
    for(zm=0;zm<=50-dm;zm++){     //在已知可能的大马数的条件下，穷举中马和小马数
        xm=100-dm-zm;
        if (xm%2==0&&(dm*3+zm*2+xm/2==100))//找到满足条件的大马、中马和小马并输出
            printf("大马有%d 匹，中马有%d 匹，小马有%d 匹\n",dm,zm,xm);
    }
}
```

6-9 答案：

```
#include <stdio.h>
int main()
{
    int i, j;
    for(i=1;i<10;++i)                 //外重循环控制输出的行数，共 1 到 9 九行
    {
        for(j=1;j<=i;++j)             //内重循环控制每行输出的数据
        {
```

```
            printf("%dX%d=%d", j, i, i*j); //输出的两个数相乘及成绩
            if(j!=i)/*相邻的两个数之间用一个 Tab 键值隔开，
                    而在最后一个数末尾用回车符结束，
                    所以此处是判断 j!=i 情况下的输出 */
            printf("\t");
        }
        printf("\n");                       //在一行结束处用回车符结束
    }
}
```

6-10 答案：

```
#include <stdio.h>
int main()
{
    double e=1,m=1;         //变量 e 为要求解的近似值，初值为 1，m 为单项
    long i=1,n=1;           //i 为循环变量
    while(m>=0.001)         /*误差小于 0.001，表示最后一项的值最小为 0.001，
                              那么前面的项一定大于 0.001，
                              所以循环的条件为单项大于等于 0.001 */
    {
        m=1.0/n;            //阶乘的倒数
        e+=m;              //计算累加值
        n*=++i;            //计算 i 的阶乘
    }
    printf("e 值为%f\n",e); //输出 e 的值
}
```

6-11 答案：

```
#include <stdio.h>
int main()
{
    int a,n,m,i;
    /*整型变量表示 m 个加数，即由 n 个 a 组成的数，
    这个数的特点是每加一次，在前一个数的基础上乘以 10 再加 a，
    变量 n 表示加数中 a 的个数 */
    double s=0;              //双精度变量 s 表示累加和
    scanf("%d%d",&a,&n);
    m=0;
    for(i=0;i<n;i++)
    {
        m=m*10+a;           //计算每次变化后的加数
        s+=m;              //累加
    }
    printf("%f",s);         //输出 s 的值
}
```

6-12 答案：

```
#include"stdio.h"
int main()
```

```
{
    long a=1,n,s=0; /*把变量声明成长整型是为了便于数据的存放,
                    数据多大都可放下,特别是阶乘数据*/
    for(n=1;n<=10;n++)
    {
        a*=n;           //求阶乘
        s+=a;           //求和
    }
    printf("%ld\n",s);
}
```

6-13 答案:

```
#include <stdio.h>
int main()
{
    int i;
    double m1,m2,m3;
    m1=m2=m3=0.0;
    for(i=1;i<=100;i++)         //计算第1项的值
            m1+=i*i;
    for(i=1;i<=50;i++)          //计算第2项的值
            m2+=i;
    for(i=1;i<=10;i++)          //计算第3项的值
            m3+=1.0/i;
    printf("输出和为%lf",m1+m2+m3);
}
```

6-14 答案:

```
#include <stdio.h>
int main()
{
    int number;
    for (number=14; ;number++)      //在计算机允许的范围内测试所有可能的数
        if((number-1)%2==0
            &&(number-2)%3==0
            &&(number-4)%5==0
            &&(number-5)%6==0
            &&number%7==0){         //把符合条件的数字输出
                printf ("%d,", number);
                    break;
            }
}
```

6-15 答案:

```
#include <stdio.h>
int main()
{   //使用穷举法找出符合条件的鸡、兔数
    int i,j;
    for(i=0;i<=35;i++)
```

```
         for(j=0;j<=35;j++)
             if(i+j==35&&2*i+4*j==94)
                 printf("鸡有%d 只,兔子有%d 只\n",i,j);
    }
```

6-16 答案：

```
#include <stdio.h>
int main()
{  //使用穷举法找出符合条件的数字,穷举法就是测试每个可能的数字是否满足条件
    int i,j,k;
    for(i=1;i<=100;i++)
        for(j=1;j<=100;j++)
            for(k=1;k<=100;k++)
                if(i+j+k==100&&5*i+3*j+1.0/3*k==100)
                            printf("公鸡有%d,母鸡有%d,小鸡有%d\n",i,j,k);
}
```

6-17 答案：

```
#include <stdio.h>
int main()
{   int i;
    int sum=1;                    //sum 为剩余桃子的总数，初值为第 10 天剩余的桃子数
    for(i=9;i>=1;i--)
    {
        printf("the %dth day eat %d peaches!\n",i,sum);
        sum=(sum+1)*2;            //后一天的桃子总数为前一天总数加一的两倍
    }
}
```

习题 7

7-1 答案：

（1）D

解析：

A．没有 a[10]，也不能给一个字符单元赋字符串。

B．a 是地址常量。

C．数组元素是字符不是字符串。

D．初始化正确。

（2）B   解析：数组名中保存的是数组的首地址。

（3）D   解析：short a[3][10];每个短整型占 2 个字节，从 a[0][0]到 a[1][0]间隔 10 个单元，共 20 个字节，所以地址是 0x0014。

（4）B   解析：字符串常量"ABCD"中有一个看不到的字符'\0'，因此需要 5 个字节空间。

（5）D   解析：字符串变量名中存的是首地址，所以判断 s1==s2 无用，需要用 strcmp() 函数逐个比较字符内容是否相等。

（6）A 解析：由于多维数组是由低维数组构成的，所以低维参数不能省略。

（7）D 解析：输入/输出字符串时，需要的是首地址，不能是字符单元。

（8）A 解析：字符串都是以'\0'作为结束标志的，后面内容不作为有效数据。

（9）B 解析：读取字符串时，空格、Tab、回车符均是 scanf()的有效分隔符，而 gets()只识别回车符。

（10）C 解析：D 需要三个一维数组

（11）B 解析：A 没有初始值，数组维度不能省略；C、D 超出一维数组容量。

7-2 答案：

（1）ABCD ,4,10

解析：字母'E'变为'\0'，字符串长度变为 4。字符串方式输出只能是 ABCD，size 声明后就不会再变化，仍是 10。

（2）0

解析：数组部分初始化时，未获得初始值的单元自动获得值 0。

（3）printf("%s\n",str);

（4）4

（5）cde,6

解析：从 s[2]输出，char s[]="abcde"字符串常量后有'\0'，需要 6 个字节空间。

（6）1,0,0,6,0

（7）2,5

解析：89 不属于八进制数，因此\0 部分作为字符，标识字符串结束。

7-3 答案：

```c
#include <stdio.h>
int main()
{
    float x[10],max,min,aver=0,sum=0;
    int i;
    printf("请依次输入学生的分数:\n");
    for(i=0;i<10;i++)
    {
        printf("第%d 位: ",i+1);
        scanf("%f",&x[i]);              //把10 个分数定义为一维数组,用循环语句输入10 个分数
    }
    max=min=x[0];                       //把第 1 个分数赋给最大值和最小值
    for(i=0;i<10;i++)
    {
        if(max<x[i]) max=x[i];          /*用循环语句,如果数组中有分数比第 1 个分数大,
                                          就赋给 max,直到 10 个分数都比较完 */
        if(min>x[i]) min=x[i];          /*用循环语句,如果数组中有分数比第 1 个分数小,
                                          就赋给 min,直到 10 个分数都比较完 */
    }
    printf("最高分: %f",max);
    printf("最低分: %f",min);           //输出最大值和最小值
    for(i=0;i<10;i++)
```

```
        sum=sum+x[i];                 //把 10 个分数都加起来
    aver=sum/10;                      //求剩下分数的平均数
    printf("最后的平均分是：%f\n",aver);    //输出平均数
    for(i=0;i<10;i++)
    {
        if(x[i]<60)
        printf("第%d 位同学不及格\n",i+1);
    }
}
```

7-4 答案：

```
#define N 3
#define M 4
#include <stdio.h>
int main()
{
    int a[N][M]={1,2,3,4,5,6,7,8,9,10,11,12}, b[N][M]={12,11,10,9,8,7,6,5,4,
        3,2,1}, c[N][M],i,j;
    //分别定义两个二维数组，用于表示两个 3*4 矩阵，c[N][M]用于存放相加后的结果
    for(i=0;i<N;i++)
        for(j=0;j<M;j++)                //先行再列，依次将对应的两个矩阵中的元素相加
            c[i][j]=a[i][j]+b[i][j];  //A+B
    for(i=0;i<N;i++)
    {
        for(j=0;j<M;j++)
            printf("%5d",c[i][j]);
        printf("\n");                   //以矩阵的方式输出二维数组
    }
}
```

7-5 答案：

```
#include <stdio.h>
int main()
{
    long Matrix1[3][4],Matrix2[4][3];
    long MatrixResult[3][3];
    long Sum=0;
    int i,j,k;
    //输入第 1 个矩阵的每个元素
    for(i=0;i<3;i++)
        for(j=0;j<4;j++)
            scanf("%ld",&Matrix1[i][j]);
    //输入第 2 个矩阵的每个元素
    for(i=0;i<4;i++)
        for(j=0;j<3;j++)
            scanf("%ld",&Matrix2[i][j]);
    //嵌套循环，计算结果矩阵（3*3）的每个元素
    for(i=0;i<3;i++)
```

```
        for(j=0;j<3;j++)
        {
            //按照矩阵乘法的规则，计算结果矩阵的 i*j 元素
            Sum=0;
            for(k=0;k<4;k++)
                Sum+=Matrix1[i][k]*Matrix2[k][j];
                MatrixResult[i][j]=Sum;
        }
        //打印输出结果矩阵
    printf("\nResult matrix: \n");
    for(i=0;i<3;i++)
    {
        for(j=0;j<3;j++)
            printf("%ld ",MatrixResult[i][j]);
        printf("\n");
    }
}
```

7-6 答案：

```
#include<stdio.h>
int main()
{
    int i;
    char str[100];                    //定义一个足够大的字符数组
    scanf("%s",str);                  //输入字符数组，此处也可用 puts(str)
    for(i=0;str[i]!='\0';i++)
    {
        if(str[i]>='a'&&str[i]<='z')  //判断字符是否为小写字母
            printf("%c",str[i]-32);   //将小写字母变成大写字母
        else
            printf("%c",str[i]);      //其他字母不变，直接输出
    }
    printf("\n");
}
```

7-7 答案：

```
#include<stdio.h>
int main()
{
    char c[100];                      //定义字符数组
    int i=0,j=0;
    printf("请输入字符串:");
    scanf("%s",c);
    while(c[i]!='\0'){
        if(c[i]>='A' && c[i]<='Z'){   //判断字符数组中的元素是否为大写字母
            j++;                      //对大写字母进行个数统计
        }
        i++;
```

```
        }
        printf("共有%d 个大写字母\n",j);
}
```

7-8 答案：

```
#include "stdio.h"
#include "string.h"
#define N 101
int main(){
    char a[N]={0},b[N]={0},result[N]={0};
    int i,LenA,LenB,ResultLoc;
    printf("输入两个长度小于 100 位的数\n");
    scanf("%s%s",a,b);
    LenA=strlen(a);
    LenB=strlen(b);
    i=0;
    ResultLoc=LenA>LenB?LenA:LenB;    //结果最长为 ResultLoc 位
    while(i<LenA || i<LenB){    //对应位数字相加，放于 result[ResultLoc-i]中
        result[ResultLoc-i]=(i<LenA?a[LenA-1-i]:'0')+(i<LenB?b[LenB-1-i]:
            '0')-2*'0';
        i++;
    }
    i=0;
    while(i<ResultLoc){                    //处理进位
        result[ResultLoc-i-1]+=result[ResultLoc-i]/10;
        result[ResultLoc-i]=result[ResultLoc-i]%10+'0';
        i++;
    }
    result[0]+='0';                       //处理最高位
    puts(result);
}
```

7-9 答案：

```
#include <stdio.h>
#include <string.h>
int main(){
    char a[100],t;
    int i,j;
    gets(a);
    i=0;//第 1 个字符的位置
    j=strlen(a)-1;//指向最后一个可见字符
    while(j>i){
        t=a[i];
        a[i]=a[j];
        a[j]=t;
        i++;j--;
    }
    puts(a);
```

```
        return 0;
    }
```

7-10 答案:

```
    #include<string.h>
    #include <stdio.h>
    int main()
    {
        char a[100] = {0};
        int len,i;
        printf("input:\n");
        scanf("%s",a);
        len=strlen(a);                  //len 表示字符数组 a 的有效长度
        for(i=0;i<len/2;i++ )           //判断前、后数据是否相等，不相等就终止循环
                if( a[i] != a[len-1-i] ) break;
        if( i < len/2 ) printf("不是回文\n" );/*判断循环跳出的方式，
                                        通过 break 跳出，则不是回文，反之是回文*/
        else printf("是回文\n" );
    }
```

7-11 答案:

```
    #include <string.h>
    #include <stdio.h>
    int main()
    {
        char a[100];
        int b[100]={0};
        int i,j=0,k=0;
        int len-0;
        int flag=0;//判断是否为单词的标志
        gets(a);
        for(i=0;i<strlen(a);i++)                        //外重循环用于遍历所有字符
        {
                while(a[j]!='\0'&&a[j++]!=' ')
                //内重循环判断是否为一个单词，单词间用空格隔开
                  {
                  flag=1;
                      len++;                            //记录单词的长度
                  }
                if(flag==1)             //如果遇到一个单词，则将单词的长度存到数组中
                  {
                      b[k++]=len;
                      len=0;            //存储单词长度的变量清零
                      flag=0;           //单词标志清零
                  }
                i=j-1;                  //下次循环从上一个单词结束位置之后开始
        }
        for(i=0;i<k;i++)                //输出各单词的个数
```

```
        printf("%d  ",b[i]);
    }
```

7-12 答案：

```
#include "stdio.h"
int main()
{
    char a[80];
    int i=0;
    gets(a);
    while(a[i]!='\0')i++;
    printf("%d",i);
}
```

7-13 答案：

```
#include <stdio.h>
int main()
{
    char str1[100],str2[100];
    gets(str1);
    gets(str2);
    int i=0,j=0;
    while(str1[i])i++;                //用循环的方式遍历到字符串 str1 的末尾
    while(str2[j])
    {
        str1[i+j]=str2[j];           //在 str1 的末尾连接 str2 字符串
        j++;
    }
    str1[i+j]='\0';                   //在 str1 的末尾加'\0'，作为字符串的结束标志
    puts(str1);
}
```

7-14 答案：

```
#include <stdio.h>
#include <string.h>
int main()
{
    char ch1[40],ch2[20],ch3[20],i,j,temp=0,x;
    printf("请输入第 1 串字符：");
    gets(ch1);
    printf("请输入第 2 串字符：");
    gets(ch2);
    printf("请输入插入的位置：");
    scanf("%d",&i);
    temp = i;
    for(j=0;ch1[temp]!='\0';j++,temp++)   /*将 ch1 字符串 i 之后的字符串
                                            复制到字符串 ch3 中*/
        ch3[j] = ch1[temp];
```

```
        ch3[j]='\0';
        for(j=0;j<strlen(ch2);i++,j++)    /*字符串 ch1 连接上字符串 ch2,
                            或者直接用函数 strcat(ch1,ch2)连接两个字符串*/
        ch1[i]=ch2[j];
        ch1[i]='\0';
        strcat(ch1,ch3);        //连接后的字符串 ch1 再与字符串 ch3 连接
        puts(ch1);              //输出插入新串后的字符串
}
```

7-15 答案：

```
#include <stdio.h>
int main(){
    char m[100],s[100];
    int i,j,t,count=0;
    scanf("%s%s",m,s);//输入母串、子串
    i=0;
    while(m[i]!='\0'){//母串未结束
        t=i;j=0;        //母串从当前位置开始与子串比较
        while(s[j]!='\0'&&m[t]==s[j])
            {t++;j++;}//对应字符相等，继续比较下一个
        if(s[j]=='\0'){//比较成功
            count++;
            i=t;//从当前成功比较的末尾的下一个字符开始进行下一轮比较
        }
        else i++;//比较不成功，从母串下一个字符开始比较
    }
    printf("%d\n",count);
    return 0;
}
```

7-16 答案：

```
#include <stdio.h>
int main(){
    int M,N;
    int a[100]={0},i,k=0,d=0,m=0;
    printf("请输入猴子数 N 和报数 M:");
    scanf("%d%d",N,M);
        for(i=0;i<N;i++)a[i]=1;//数组 a 用于存放每只在列的猴子，在列者为 1，出列者为零
    while(d!=N){
            for(i=0;i<N;i++){
            k=k+a[i];
              if(k!=M) continue;
              printf("%d,%d\n",d+1,i+1);
              m=i;          //m 记录报数为 M 的位置
              a[i]=0;        //报到 M 的猴子出列
              k=0;
              d++;
            }
```

```
                    }
                    printf("最后留下的是原来的第%d 号\n",m+1);
                }
```

7-17 答案：

```
#define N 3
#define M 4
#include <stdio.h>
#include <time.h>
#include <stdlib.h>
int main()
{
    int a[N][M];
    int i,j,max;
    long l;
    srand(time(&l));                   //产生随机数的时间种子
    for(i=0;i<N;i++)
        for(j=0;j<M;j++)
            a[i][j]=rand();            //使用随机数填充二维数组
    for(i=0;i<N;i++)
    {
        for(j=0;j<M;j++)
            printf("%7d",a[i][j]);     //使用随机数填充二维数组
        printf("\n");
    }
    max=a[0][0];                       //max 表示最大值，初值为数组第 1 个元素
    for(i=0;i<N;i++)
        for(j=0;j<M;j++)
            if(max<a[i][j])max=a[i][j];      //寻找最值
    printf("The max number is %d\n",max);
}
```

7-18 答案：

```
#include <stdio.h>
int main()
{
    int a[10];
    int i=0,j,count=0;
    for(i=0;i<10;i++)
        scanf("%d",&a[i]);          //输入数组 a 的值
    for(i=0;i<10;i++)
        printf("%d  ",a[i]);        //输入数组 a 的值
    for(i=0;i<10-count;i++)
        if(a[i]%2==0)//如果数组元素a[i]为偶数，则通过后面元素前移一个单位的方式删除a[i]
        {
            count++;                 //count 用于记录偶数的个数
            for(j=i;j<10;j++)
                a[j]=a[j+1];         //a[i]之后的元素依次前移
```

```
        }
    for(i=0;i<10-count;i++)
        printf("%d  ",a[i]);       //输出数组 a
    printf("奇数的个数为%d\n",10-count);
}
```

7-19 答案：

```
#include <stdio.h>
#include <math.h>
int main()
{
    int i,j,k=0,n;
    int xx[100];
    scanf("%d",&n);
    for(i=4;i<n;i++)
        for(j=2;j<=sqrt(i);j++)//以下循环判断是否为非素数，是则存入 xx 数组
            if(i%j==0){xx[k++]=i;break;}
    for(i=0;i<k;i++)
        printf("%d ",xx[i]);
    printf("\n 非素数的个数为%d\n",k);
}
```

7-20 答案：

```
#include <stdio.h>
#define M 4
int main()
{
    int a[M][M]={0},i,j,k=0;
    for(j=0;j<M;j++)                    //先列再行，从最后一行向前赋值
        for(i=M-1;i>=j;i--)
            a[i][j]=++k;
    for(i=0;i<M;i++)                    //输出二维数组
    {
        for(j=0;j<=i;j++)
            printf("%4d",a[i][j]);      //每行只输出下三角的数
        printf("\n");                   //一行末尾换行
    }
}
```

7-21 答案：

```
#include <stdio.h>
#define M 4
int main()
{
    int a[M][M]={0},b[M][M],i,j;
    for(i=0;i<M;i++)                    //输入二维数组
        for(j=0;j<M;j++)
            scanf("%d",&a[i][j]);
    for(i=0;i<M;i++)                    //进行数组及其转置的和运算
```

```
        for(j=0;j<M;j++)
            b[i][j]=a[j][i]+a[i][j];
    printf("输出原矩阵与转置之后矩阵的和：\n");
    for(i=0;i<M;i++)                    //输出运算后的二维数组
    {
        for(j=0;j<M;j++)
            printf("%5d",b[i][j]);
        printf("\n");
    }
}
```

7-22 答案：

```
#include<stdio.h>
int main()
{
    char c[100];
    int i=0,k=0,j,n;
    gets(c);
    while(c[i]!='\0')
    {
        k=i;
        while(c[k++]!=' '); //向后找到空格
            n=i-1;                  //n 用于记录第 1 个空格的位置
        while(c[n++]==' '); //找到所有连续的空格
        k=0;
        while(c[j+k]!='\0')    //用空格后面的字符串覆盖前面找到的一个或多个连续的空格
        {
            c[j+k]=c[n-1+k];
            k++;
        }
        i++;
    }
    puts(c);
}
```

7-23 答案：

```
#include <stdio.h>
int main(){
    char s[100],i,j,k,maxLoc,maxLen,nLoc,nLen;
    gets(s);
    maxLoc=0;maxLen=0;
    nLoc=0;nLen=0;
    i=0;
    while(s[i]!='\0'){
        j=i+1;
        while(s[j]!='\0'&&s[j]!=s[i])j++;
        if(j-i>maxLen){//i、j 相距超过原来最长记录时才有比较意义
            k=0;
```

```
            while(s[i+k]==s[j+k])k++;//最长匹配
            if(k>maxLen){
                maxLoc=i;
                maxLen=k;
            }
        }
        i++;
    }
    for(i=maxLoc;i<maxLoc+maxLen;i++)putchar(s[i]);
    putchar('\n');
    return 0;
}
```

7-24 答案:

```
#include <stdio.h>
int main()
{
    char c[100],t[100]={0};
    int i=0,m=0,n=0;
    int l,j,k,q;
    gets(c);
        while(c[i]!='+')            //将找到的第 1 个加数转换成数字
        {
            m=m*10+(c[i]-48);
            i++;
        }
        j=i+1;
        while(c[j]!='\0')           //将找到的第 2 个加数转换成数字
        {
            n=n*10+(c[j]-48);
            j++;
        }
        l=m+n;                      //计算和
        i=0;
        while(l!=0)                 //将相加后的和变成字符，放到字符数组 t 中
        {
            t[i]=l%10+48;
            l=l/10;
            i++;
        }
        t[i]='\0';                  //变成 t 字符串，此时的字符是逆序存放的
        //连接 c 字符串和逆序的 t 字符串
        q=0;
        for(c[j]='=',k=j+1;k<j+i+1;k++)
        {
            c[k]=t[i-1-q];
            q++;
        }
```

```
        c[k]=0;
        puts(c);
    }
```

7-25 答案：

```
#include <stdio.h>
int main(){
    int month_days[12]={31,28,31,30,31,30,31,31,30,31,30,31};
    int year,month,day,days=0,i;
    printf("Input year month day:\n");
    scanf("%d%d%d",&year,&month,&day);
    for(i=0;i<month-1;i++)days+=month_days[i];
    if(year%4==0&&year%100!=0||year%400==0)days++;//闰年
    days+=day;
    printf("%d\n",days);
}
```

7-26 答案：

```
#include <stdio.h>
int main(){
    int a[10],i,j,k;
    for(i=0;i<10;i++)scanf("%d",&a[i]);
    for(i=1;i<10;i++){              //0 号元素已经有序，从 1 号开始插入
        k=a[i];                    //暂存
        j=i-1;                     //从已经排序的队列的末尾开始查找插入位置
        while(j>=0&&a[j]>k){       //将比当前元素大的元素后移
            a[j+1]=a[j];
            j--;
        }
        a[j+1]=k;                  //插入
    }
    for(i=0;i<10;i++)printf("%d,",a[i]);
    printf("\n");
    return 0;
}
```

习题 8

8-1 答案：

（1）A

（2）D 解析：p[1]即*(p+1)，是 a[3]。

（3）A 解析：*p++中，*与++同为单目运算符，优先级相同，结合方向为从右向左，相当于*(p++)，p++为先用后加，返回值为 a[0]地址，所指单元是 a[0]，然后 p 变为 a[1]地址。

（4）B 解析：*++p 为先加后用。

（5）B 解析：++*p 给目标单元，即 a[0]加 1。

（6）C 解析：与二维数组名匹配的指针是数组指针。

（7）D　解析：与指针数组名匹配的指针是二级指针。

（8）B　解析：C 数组名是地址常量，A、D 地址指向应为字符空间。

（9）A　解析：A 试图改变常量。

（10）B　解析：C 试图改变常量，A、D 类型不匹配。

（11）D　解析：r 为数组指针，指向目标为数组。

8-2 答案：

（1）p=&a[1]

（2）A,ABCD

解析：p 获得 a[0]的地址，所以*p 为 A。从 a[0]输出为 ABCD。

（3）5

解析：指针相减的含义为两者间隔了多少目标单元。

（4）3

（5）printf("%c",*(p+2));

8-3 答案：

（1）AGAAGAG

（2）2,4,6,8,

（3）(1)200,200,2,20,210

　　(2)230,20,200,210,101

　　(3)200,210,0,101,210

　　(4)10,0,100,230,5

（4）6

8-4 答案：

```
#include <stdio.h>
int main()
{   char a[20],b[20],*p=a,*q=b;
    gets(a);
    gets(b);
    //此处添加连接代码
    while(*p++);
    p--;
    while(*q)*p++=*q++;
    *p='\0';
    puts(a);
}
```

8-5 答案：

```
#include <stdio.h>
int main()
{
    char s[100],c[100],*p=s;
    int i=0,j=0,count=0;
    gets(s);
```

```
        while(*p!='\0')                    //指针 p 指向字符串 s
        {

            c[i++]=*p++;                   //取出指针 p 所指内容,赋值给字符数组 c,游标 p 下移
            count++;
            if(count<3)continue;           //3 个字符后加空格
            c[i]=' ';
            i++;                           //从空格后继续找
            count=0;
        }
        c[i]='\0';
        puts(c);
    }
```

8-6 答案：

```
#include <stdio.h>
int main()
{
    int a[100]={0},b[100]={0},*p=a,*q=a;
    int i,x,m;
    printf("请输入数组中数据的个数和截取平移位置：\n");
    scanf("%d%d",&m,&x);
    printf("请输入数组中的数据\n");
    for(i=0;i<m;i++)
        scanf("%d",&a[i]);
    for(i=0;i<x;i++){b[i]=a[i];p++;}         /*需要平移的数据暂时存在 b 数组中,
                                               游标 p 下移到 x 位置*/
    for(i=0;i<m-x;i++)*q++=*p++;            //x 之后的数据移动到前面
    for(i=0;i<x;i++){a[m-x+i]=b[i];}       //x 之前的数据移动到后面
    for(i=0;i<m;i++)
        printf("%5d",a[i]);
}
```

习题 9

9-1 答案：

（1）C   解析：声明函数时，返回值类型 int 可以省略，所以函数中必须用 return 返回一个整型值。

（2）B   解析：main 函数为系统约定的入口函数。

（3）B   解析：实参用括号括起来是逗号表达式，是一个参数。

（4）C   解析：const 修饰常量，值不能改变，因此必须初始化。静态变量自动初始化值为 0，可以不初始化。

（5）B   解析：变量重名时，遵循局部优先原则。

（6）D   解析：k=*f(2,3);含义是将 f(2,3)返回值作为指针，将所指单元赋给 k，而 f(2,3)返回的是整数，不是指针。

（7）A　解析：*s=20;为新开辟单元赋值，a 并未改变。

（8）B　解析：*p 接收开辟单元地址，则 p 为二级指针。

9-2 答案：

（1）4

解析：fun(&a[3])传递的实参为&a[3]，p 为&a[3]，p[1]为*(p+1)，a[4]为 4，p[2]为 a[5]，值为 0。

（2）40

解析：静态变量具有连续性，fun(2)+fun(3)第 1 次调用 a，变为 10，第 2 次变为 30。

（3）36

解析：注意 f1()、f2()中改变的都是全局变量 a。

（4）10

解析：{int a=2; a=f(2);} printf("%d\n",a);函数的返回值赋给了复合语句级变量 a，而打印语句在复合语句外，复合语句级变量 a 已经无效，访问的是全局变量 a。

（5）b

解析：程序名为 0 号参数，打印的是 1 号参数字符串中的 1 号字符。

（6）15

解析：静态变量具有连续性。

（7）9

（8）29

9-3 答案：

```
int strlen(char*p)
{
    int i;
    for(i=0;p[i];i++);        //i 从第 1 个字符开始到结束标志符结束
    return i;
}
```

9-4 答案：

```
char* strcpy(char*p,char*q)
{
    int i;
    for(i=0;q[i];i++)
        p[i]=q[i];            //q 字符串从第 1 个字符开始到最后一个字符结束复制
    p[i]=0;                   //追加结束标志符
    return p;
}
```

9-5 答案：

```
char* strcat(char*p,char*q)
{
    int i,j;
    for(i=0;p[i];i++);        //找到 p 字符串的结尾位置
    for(j=0;q[j];i++,j++)
```

```
        p[i]=q[j];                //q 字符串从第 1 个字符开始到最后一个字符结束复制
    p[i]=0;                       //追加结束标志符
    return p;
}
```

9-6 答案：

```
char* zp(char*str)
{
    int i,j;
    for(i=0;str[i];)
        if(str [i]==' ')                    //当前字符是空格
        {
            for(j=i; str [j+1];j++)         //后面全部元素前移 1 位
                str [j]= str [j+1];
            str [j]=0;                      //结束标志符前移 1 位
        }
        else i++;                           //当前字符不是空格时，分析下一个字符
    return str;
}
```

9-7 答案：

```
int ctword(char *str)
{
    int wordcount=0,flag=1,i;           //单词开始标志
    for(i=0;str[i];i++)
    {
        if(flag==1&&(str[i]>='A'&&str[i]<='z'))      //一个单词只统计一次
            wordcount++;
        if(str[i]==' '||str[i]=='.'||str[i]==',')
                                //当前字符是空格、逗号、句号时，单词标记为 0
                flag=1;
        else flag=0;
    }
    return wordcount;
}
```

9-8 答案：

```
int isprime(int n)
{
    int flag=1,i;               //flag 素数标志置 1
    for(i=2;i<n;i++)            //从 2 开始逐一查找能被整除的数，可以测试到 sqrt(n)
    {
        if(n%i==0)             //如果余数为零，则不是素数
        {flag=0;break;}
    }
    return flag;
}
```

9-9 答案：

```
char * getdgStr(char *source ,char *dgstr)
{
    int i,j=0;
    for(i=0;source[i];i++)
    {
        if(source[i]=='+'||source[i]=='-'||source[i]=='.'||source[i]>=
            '0'&&source[i]<='9')    //判断数字
        {dgstr[j]=source[i];j++;}    //将数字拼接起来
    }
    dgstr[j]=0;                       //添加结束标志符
    return dgstr;
}
```

9-10 答案：

```
char * convert(int dec,int mode, char *result)
{
    result[32]=0;
    char ch[17]="0123456789ABCDEF"; //建立参照表，方便根据余数转换对应字符
    int i;
    for(i=0;result[i];i++)   result[i]=' '; //先把整个字符串置为空格
    i=31;
    while(dec)
    {
        result[i]=ch[dec%mode];
        dec/=mode;                 //阶除
        i--;
    }
    return result;
}
```

9-11 答案：

```
char *str(double d, char *buf)
{
    int i,n=(int)d;            //d的整数部分放到 n 中，依次取出各位数字
    buf[20]=0;                 //整数部分 13 位，小数部分 6 位
    for(i=0;buf[i];i++) buf[i]=' ';    //先把整个字符串置为空格
    buf[13]='.';               //第 14 位为小数点
    for(i=12;n;i--)            //把整数部分取完
    {
        buf[i]=n%10+48;        //0 的 ASCII 码为 48
        n=n/10;
    }
    for(i=14;i<20;i++)         //小数点后保留 6 位
    {
        d=d*10;
        buf[i]=(int)(d)%10+48;
    }
```

```
        return buf;
    }
```

9-12 答案：

```
    double val(char *buf)
    {
        int i,j;
        double d=0;
        for(i=0;buf[i]!='.'&&buf[i];i++)          //扫描整个字符串
        {
            if(buf[i]>='0'&&buf[i]<='9')          //从整数部分第1个非0字符开始
                d=d*10+buf[i]-48;
            else break;
        }
        if(buf[i]=='.') i++;
        for(j=1;buf[i];i++)                       //扫描整个字符串
        {
            if(buf[i]>='0'&&buf[i]<='9')          //小数部分
            {
                d=d*10+buf[i]-48;
                j=j*10;                            //记录小数点前移位数
            }
            else break;
        }
        d/=j;                                      //修正数字
        return d;
    }
```

9-13 答案：

```
    char *encode(char *str)
    {
        for(int i=0;str[i];i++)
            str[i]+=3;
        return str;
    }
    char *decode(char *str)
    {
        for(int i=0;str[i];i++)
            str[i]-=3;
        return str;
    }
```

9-14 答案：

```
    //把 str 中的'0'到'9'字符替换为汉字"零"到"九"
    char *cndg(char *str)
    {
        int i,j;
        char *p;
```

```
        for(i=0;str[i];i++)
        {
            switch(str[i])
            {//对应转换
            case '0': p="零";break;
            case '1': p="一";break;
            case '2': p="二";break;
            case '3': p="三";break;
            case '4': p="四";break;
            case '5': p="五";break;
            case '6': p="六";break;
            case '7': p="七";break;
            case '8': p="八";break;
            case '9': p="九";break;
            default: p="";
            }
            if(*p)
            {
                for(j=i;str[j];j++);              //找到字符串末尾
                for(j;j>=i;j--) str[j+1]=str[j];  //后移一位
                str[i]=*p;
                i++;
                str[i]=*(p+1);
            }
        }
        return str;
    }
```

9-15 答案:

```
    #include <stdio.h>
    int main(int argc, char *argv[])
    {
        int n=0;
        for(int i=0;*argv[1];i++)
            n=n*10+*argv[1]++;
        printf("参数为%d\n",n);

    }
```

9-16 答案:

```
    #include <stdio.h>
    int main(int argc, char *argv[])
    {
        int i=1,j,n1=0,n2=0,result;
        char opChar;
        while(*argv[1]>='0'&&*argv[1]<='9'&&*argv[1]!=0)
            n1=n1*10+((*argv[1]++)-('0'));
        while(*argv[3]>='0'&&*argv[3]<='9'&&*argv[3]!=0)
```

```
            n2=n2*10+((*argv[3]++)-'0'));
        opChar=argv[2][0];
        switch(opChar){
        case '+':result=n1+n2;break;
        case '-':result=n1-n2;break;
        case '*':result=n1*n2;break;
        case '/':result=n1/n2;break;
        default:
            printf("Unknow Operator\n");
        }
        printf("%d\n",result);
    }
```

9-17 答案：

```
    double fun()
    {
        int i=1;
        double item=1,pi=1;
        while(item>0.0005)
        {
            item*=i/(2.0*i+1);
            pi+=item;
            i++;
        }
        return 2*pi;
    }
```

9-18 答案：

```
    int convert(int n)
    {
        int m=0;
        while(n)
        {
            if(n%10%2==0)
            m=m*10+n%10;
            n=n/10;
        }
        return m;
    }
```

9-19 答案：

```
    #include <stdio.h>
    char * replace(char mainStr[],char oldSubStr[],char newSubStr[]){
        char newStr[100];        //临时保存替换后的字符串
        int mainFindB,mainFindE,newStrLoc,i,j,k;
        //mainFindB, mainFindE 分别保存在主字符串中匹配查找字符串的起、止位置,
        //newStrLoc 为新字符串中的写入位置
        //i 为主串游标, j、k 为子串游标
```

```
    i=0;                        //从主串 0 位置开始匹配
    newStrLoc=0;                //从新主串 0 位置开始写入
    while(mainStr[i]){
        j=0;
        mainFindE=mainFindB=i;
        while(oldSubStr[j]&&oldSubStr[j]==mainStr[mainFindE]){//匹配子串
            j++;mainFindE++;
        }
        if(oldSubStr[j]=='\0'){  //匹配,写入新子串
            k=0;
            while(newSubStr[k])newStr[newStrLoc++]=newSubStr[k++];
            i=mainFindE;              //主串越过匹配子串
        }
        else
            newStr[newStrLoc++]=mainStr[i++];    //不匹配字符原样写入
    }
    newStr[newStrLoc]='\0';          //新串加结束标志符
    i=0;
    while(mainStr[i]=newStr[i])i++;                  //把结果复制回原串
    return mainStr;
}
main(){
    char MainStr[100],oldSubStr[10],newSubStr[10];
    puts("input Main String");
    gets(MainStr);
    puts("input old subString ");
    gets(oldSubStr);
    puts("input new subString");
    gets(newSubStr);
    puts(replace(MainStr,oldSubStr,newSubStr));
}
```

习题 10

10-1 答案:

（1）A   解析:typedef 关键字的后面一定是类型名。

（2）A   解析:结构体变量作为参数、返回值时,规则与普通变量相同。

（3）C

（4）B

（5）C   解析:正确格式为 typedef 原类型名 新类型名;。

（6）A

（7）D   解析:其他语法错误。

（8）B   解析:A、C 语法错误,D 使用了野指针。

（9）D

（10）D

（11）D

（12）B

10-2 答案：

（1）13431

（2）2002 Shangxian

（3）3 2

（4）0

（5）Qian,f,95,92

（6）2,3

10-3 答案：struct STRU

10-4 答案：

```c
#include <stdio.h>
typedef struct DateType{
    int year,month,day;
}DATE;
int main(){
    DATE d;
    scanf("%d%d%d",&d.year,&d.month,&d.day);
    printf("%d年%d月%d日\n",d.year,d.month,d.day);
    return 0;
}
```

10-5 答案：

```c
#include <stdio.h>
typedef struct student{
    int num;
    char name[20];
    char sex;
    int score[5];          //五门课成绩
    int total;
}ST;
int getData(ST * p){       //返回读入记录数
    ST t={0};
    int i=0;
    puts("输入学生学号 姓名 性别(M 或 F) 五门课成绩,学号小于 0 退出");
    do{
        scanf("%d %s %c %d %d %d %d %d",
          &t.num,t.name,&t.sex,&t.score[0],&t.score[1],&t.score[2],
              &t.score[3],&t.score[4]);
        p[i++]=t;
    }while(t.num>0);
    return i-1;
}
void sum(ST *p,int len){
    int i;
    for(i=0;i<len;i++)
```

```
        p[i].total=p[i].score[0]+p[i].score[1]+p[i].score[2]+p[i].score[3]+
            p[i].score[4];
    }
    void sort(ST *p,int len){
        ST t;
        int i,j,max;
        for(i=0;i<len-1;i++){
            max=i;
            for(j=i+1;j<len;j++)
                if(p[i].total<p[j].total)max=j;
                if(i!=max){
                    t=p[i];
                    p[i]=p[max];
                    p[max]=t;
                }
        }
    }
    void printData(ST *p,int len){
        int i;
        for(i=0;i<len;i++)
            printf("%d %s %c %d %d %d %d %d %d\n",
                p[i].num,p[i].name,p[i].sex,p[i].score[0],p[i].score[1],
                    p[i].score[2],p[i].score[3],p[i].score[4],p[i].total);
    }
    int main(){
        int len;
        ST a[100];
        len=getData(a);
        sum(a,len);
        sort(a,len);
        printData(a,len);
        return 0;
    }
```

10-6 答案：

```
#include <stdio.h>
enum WEEKDAY{Sunday,Monday,Tuesday,Wensday,Thursday,Friday,Satday};
void printEnum(WEEKDAY w){
    char weekday[][10]={"Sunday","Monday","Tuesday","Wensday","Thursday",
        "Friday","Satday"};
    printf(weekday[(int)w]);
}
int main(){
    WEEKDAY w;
    scanf("%d",&w);
    printEnum(w);
}
```

10-7 答案：

```
#include <stdio.h>
#include <stdlib.h>
typedef struct student{
    int num;
    char name[20];
    char sex;
    int score[5];                    //五门课成绩
    int total;
    struct student *link;
}ST;
void insertSort(ST **head,ST t){     //按学号有序（从小到大）插入函数
    ST *p,*q,*n;
    if((*head)==NULL){
        (*head)=(ST *)malloc(sizeof(ST));
        (*head)->link=NULL;
    }
    q=(*head);
    p=(*head)->link;
    while(p!=NULL &&p->num<t.num){
        q=p;
        p=p->link;
    }
    n=(ST *)malloc(sizeof(ST));
    *n=t;
    n->link=p;
    q->link=n;
}
void addData(ST **phead){            //输入创建链表函数
    ST t={0};
    int i=0;
    puts("输入学生学号 姓名 性别(M或F) 五门课成绩,学号小于 0 退出");
    do{
        scanf("%d %s %c %d %d %d %d %d",
            &t.num,t.name,&t.sex,&t.score[0],&t.score[1],&t.score[2],
            &t.score[3],&t.score[4]);t.total=t.score[0]+t.score[1]+
            t.score[2]+t.score[3]+t.score[4];
        if(t.num>0)insertSort(phead,t);
    }while(t.num>0);
}
void printData(ST *head){           //遍历输出函数
    ST *p;
    p=head->link;
    while(p!=NULL){
        printf("%d %s %c %d %d %d %d %d %d\n",
            p->num,p->name,p->sex,p->score[0],p->score[1],
            p->score[2],p->score[3],p->score[4],p->total);
```

```
            p=p->link;
        }
    }
    void delData(ST *head,int num){//根据学号删除记录函数
        ST *p,*q;
        p=head->link;
        q=head;
        while(p!=NULL && p->num!=num){
            q=p;
            p=p->link;
        }
        if(p!=NULL){
            q->link=p->link;
            free(p);
        }
    }
    void showOne(ST * head,int num){  //查询显示记录
        ST *p;
        p=head->link;
        while(p!=NULL&&p->num!=num)p=p->link;
        if(p!=NULL)
            printf("%d %s %c %d %d %d %d %d %d\n",
              p->num,p->name,p->sex,p->score[0],p->score[1],
              p->score[2],p->score[3],p->score[4],p->total);
    }
    int main(){
        ST *Head=NULL;
        addData(&Head);            //创建链表，输入记录中要有10号记录
        puts("创建后:");
        printData(Head);           //遍历显示记录
        puts("10号记录:");
        showOne(Head,10);          //显示10号记录信息
        delData(Head,10);          //删除10号记录信息
        puts("删除10号后:");
        printData(Head);           //遍历显示记录
        return 0;
    }
```

10-8 答案：

```
    void sortOnTotal(ST * head){
        ST *p,*q,*qf,*t;
        p=head->link;
        head->link=NULL;
        while(p){
            qf=head;
            q=head->link;
            t=p;
            p=p->link;
```

```
        while(q!=NULL&&t->total<=q->total){
            qf=q;
            q=q->link;
        }
        qf->link=t;
        t->link=q;
    }
}
```

10-9 答案：

```c
#include <stdio.h>
#include <stdlib.h>
struct LinkNode{
    int data;
    struct LinkNode *link;
};
typedef struct LinkNode LN;
LN* CreateLink(int *a,int len){          //用数组中的数创建链表
    LN *head,*p,*n;
    int i=0;
    p=head=(LN *)malloc(sizeof(LN));     //头节点
    while(i<len){
        n=(LN *)malloc(sizeof(LN));
        n->data=a[i];
        p->link=n;
        p=p->link;
        i++;
    }
    p->link=NULL;
    return head;
}
void ShowLink(LN * head){                //遍历显示链表
    LN *p;
    p=head->link;
    //补充代码
    while(p){
        printf("%d ",p->data);
        p=p->link;
    }
    putchar('\n');
}
void ReverseLink(LN *head){              //翻转链表
    LN  *p,*q,*t;
    p=head->link;
    t=NULL;
    while(p!=NULL){
        q=p;
        p=p->link;
```

```
            q->link=t;
            t=q;
  //    ShowLink(t);
        }
        head->link=t;
    }
int main(){
    int a[20]={12,56,23,734,62,5,63,785,67,89,346,768,86,14,15,16,27,28,29,30};
    LN *head;
    head=CreateLink(a,20);
    puts("CreateLink:");
    ShowLink(head);
    puts("ReverseLink:");
    ReverseLink(head);
    ShowLink(head);
}
```

10-10 答案：

```
#include <stdio.h>
#include <stdlib.h>
struct LinkNode{
    int data;
     struct LinkNode *link;
};
typedef struct LinkNode LN;
LN* CreateLink(int *a,int len){
    LN *head,*p,*n;
    int i=0;
    p=head=(LN *)malloc(sizeof(LN));//头节点
    while(i<len){
        n=(LN *)malloc(sizeof(LN));
        n->data=a[i];
        p->link=n;
        p=p->link;
        i++;
    }
    p->link=NULL;
    return head;
}
void ShowLink(LN * head){
    LN *p;
    p=head->link;
    //补充代码
    while(p){
        printf("%d ",p->data);
        p=p->link;
    }
    putchar('\n');
```

```
}
void showSmall5(LN *head){
    int i,a[6],len=0;/*采用插入排序，
                       把链表中找出的最小的数插入，0 号最小，5 号丢弃*/
    LN *p;
    p=head->link;
    while(p!=NULL){
        i=len;
        while(i>0 &&p->data<a[i-1]){    //找到插入位置
          a[i]=a[i-1];
          i--;
        }
        a[i]=p->data;          //插入到找到位置，如果大于所有元素，插入到 5 号
        len=(len+1>5?5:len+1);          //最长为 5 个有效数据
        p=p->link;
    }
    for(i=0;i<5;i++)printf("%d ",a[i]);
    puts("\n");
}
int main(){
    int a[20]={12,56,23,734,62,5,63,785,67,89,346,768,86,14,15,16,27,28,29,30};
    LN *head;
    head=CreateLink(a,20);
    puts("CreateLink:");
    ShowLink(head);
    puts("5 small:");
    showSmall5(head);
}
```

10-11 答案：参考 10-9。

10-12 答案：

```
#include <stdio.h>
#include <stdlib.h>
struct LinkNode{
    int data;
    struct LinkNode *link;
};
typedef struct LinkNode LN;
LN* CreateLink(int *a,int len){
    LN *head,*p,*n;
    int i=0;
    p=head=(LN *)malloc(sizeof(LN));//头节点
    while(i<len){
        n=(LN *)malloc(sizeof(LN));
        n->data=a[i];
        p->link=n;
        p=p->link;
```

```
            i++;
        }
        p->link=NULL;
        return head;
}
void ShowLink(LN * head){
        LN *p;
        p=head->link;
        //补充代码
        while(p){
                printf("%d ",p->data);
                p=p->link;
        }
        putchar('\n');
}
void separate(LN *head,LN **pEven,LN ** pOdd){
        LN *p,*pE,*pO,*n;
        (*pEven)=pE=(LN *)malloc(sizeof(LN));
        (*pOdd)=pO=(LN *)malloc(sizeof(LN));
        p=head->link;
        while(p!=NULL){
                n=(LN *)malloc(sizeof(LN));
                *n=*p;
                if(n->data%2==0){
                        pE->link=n;
                        pE=pE->link;
                }
                else{
                        pO->link=n;
                        pO=pO->link;
                }
                p=p->link;
        }
        pE->link=pO->link=NULL;
}
int main(){
        int a[20]={12,56,23,734,62,5,63,785,67,89,346,768,86,14,15,16,27,28,29,30};
        LN *head,*Ehead,*Ohead;
        head=CreateLink(a,20);
        puts("CreateLink:");
        ShowLink(head);
        separate(head,&Ehead,&Ohead);
        puts("按奇偶分开:");
        ShowLink(Ehead);
        ShowLink(Ohead);

}
```

10-13 答案：

```c
#include <stdio.h>
#include <stdlib.h>
struct LinkNode{
    int data;
     struct LinkNode *link;
};
typedef struct LinkNode LN;
LN* CreateLink(int *a,int len){              //用数组中的数创建链表
    LN *head,*p,*n;
    int i=0;
    p=head=(LN *)malloc(sizeof(LN));       //头节点
    while(i<len){
        n=(LN *)malloc(sizeof(LN));
        n->data=a[i];
        p->link=n;
        p=p->link;
        i++;
    }
    p->link=NULL;
    return head;
}
void ShowLink(LN * head){                    //遍历显示链表
    LN *p;
    p=head->link;
    //补充代码
    while(p){
        printf("%d ",p->data);
        p=p->link;
    }
    putchar('\n');
}
LN* MergeSortLink(LN *head1,LN *head2){//翻转链表
    LN  *p,*q,*h,*n,*t;
    p=head1->link;
    q=head2->link;
    h=t=(LN *)malloc(sizeof(LN));
    while(p!=NULL&&q!=NULL){
        n=(LN *)malloc(sizeof(LN));
        if(p->data<q->data){//head1 中小
            *n=*p;          //新节点复制 head1 中内容
            p=p->link;
        }
        else{//head2 中小
            *n=*q;          //新节点复制 head2 中内容
            q=q->link;
```

```
        }
        t->link=n;          //把新节点链入新链表
        t=t->link;
    }
    while(p!=NULL){         //head1 有剩余节点，复制进新链表
        n=(LN *)malloc(sizeof(LN));
        *n=*p;
        p=p->link;
        t->link=n;
        t=t->link;
    }
    while(q!=NULL){         //head1 有剩余节点，复制进新链表
        n=(LN *)malloc(sizeof(LN));
        *n=*q;
        q=q->link;
        t->link=n;
        t=t->link;
    }
    t->link=NULL;
    return h;
}
int main(){
    int a[10]={1,3,9,12,31,33,35,37,45,49};
    int b[10]={2,4,6,8,14,16,18,20,22,24};
    LN *head1,*head2,*headt;
    head1=CreateLink(a,10);
    puts("CreateLink1:");
    ShowLink(head1);
    head2=CreateLink(b,10);
    puts("CreateLink2:");
    ShowLink(head2);
    puts("MergeSortLink:");
    headt=MergeSortLink(head1,head2);
    ShowLink(headt);
}
```

习题 11

11-1 答案：

（1）#undef

（2）#include"my.h"

11-2 答案：

（1）D

（2）D

11-3 答案:

（1）15

（2）ar=9ar=9ar=11

（3）8

（4）10,64

（5）7.5

（6）65

11-4 答案:

```
#define SWAP(x,y){int t;t=(x);(x)=(y);(y)=t;}
```

11-5 答案:

```
#define ISUPPER(C)((C)>='A'&&(C)<='Z'?1:0)
```

习题 12

12-1 答案:

（1）C　解析：写二进制文件的函数有 fwrite() 和 fputc()。

（2）B

（3）A

（4）C　解析：fseek 中偏移量为负时，向文件头部移动。

（5）D　解析：FILE 文件指针既可以是二进制文件也可以是文本文件。

（6）D　解析：两个参数均为字符串，注意转义字符，读/写方式为 r+。

（7）B　解析：w 方式会覆盖原文件已有内容。

（8）B　解析：写入的两个数没有间隔，变成一个数 12。

（9）D

（10）B　解析：每次回到文件头部再写，会覆盖原数据。

（11）D

12-2 答案:

（1）123　0

（2）3

（3）1

（4）basican

（5）SEEK_END

12-3 答案：需要其他文字编辑软件打开处理的文件用文本文件，不需要文字编辑类软件打开，需要随机定位查找读/写的文件用二进制文件。

12-4 答案：文件必须打开，在内存中建立缓冲区和读/写结构，才可以对文件读/写，文件指针指向缓冲区，通过指针才能读/写文件。

12-5 答案：文件必须打开，在内存中建立缓冲区和读/写结构，我们读/写文件其实是对内存缓冲区的读/写，真正在磁盘间交换数据的是操作系统。写方式中，当缓冲区满或关闭文件时，数据才写入磁盘。若文件不关闭，则可能丢失数据。

12-6 答案：

```
#include <stdio.h>
#include <stdlib.h>
int main(){
    char s[80],b[80];
    FILE *fp;
    if((fp=fopen("c:\\test.txt","w"))==NULL){
        printf("cann't open the test.txt file!");
        exit(-1);
    }
    puts("输入一字符串");
    gets(s);
    fputs(s,fp);
    fclose(fp);
    puts("写入完成,按任意键读取");
    getchar();
    if((fp=fopen("c:\\test.txt","r"))==NULL){
        printf("cann't open the test.txt file!");
        exit(-1);
    }
    fgets(b,80,fp);
    puts(b);
    fclose(fp);
    return 0;
}
```

12-7 答案：

```
#include <stdio.h>
#include <stdlib.h>
int main(){
    char buff[80];
    FILE *fp1,*fp2,*fpw;
    if((fp1=fopen("c:\\A.txt","r"))==NULL||
        (fp2=fopen("c:\\B.txt","r"))==NULL||
        (fpw=fopen("c:\\C.txt","w"))==NULL
        ){
        printf("cann't open file!");
        exit(-1);
    }
    fgets(buff,80,fp1);
    fputs(buff,fpw);
    fgets(buff,80,fp2);
    fputs(buff,fpw);
    fclose(fp1);fclose(fp2);fclose(fpw);
    puts("写入结束");
    return 0;
}
```

12-8　答案：

```c
#include <stdio.h>
#include <stdlib.h>
FILE *fp;
int getline(char *str){
     int i=0;
     fgets(str,100,fp);
     while(str[i]!='\0')i++;
     return i;
}
int main(int argc,char *argv[]){
     char str[101];
     int n;
     if(argc<=1 || (fp=fopen(argv[1],"r"))==NULL){
         printf("cann't open file!\n");
         exit(-1);
     }
     n=getline(str);
     printf("%d,%s\n",n,str);
     fclose(fp);
     return 0;
}
```

12-9　答案：文本文件可以用文件结束标志符 EOF（-1）判断，文本文件和二进制文件都可以用 feof()判断，返回 1，表示文件结束。

12-10　答案：

```c
struct student{
     long int num;
     char name[10];
     int age;
     char sex;
     char address[30];
}
#include <stdio.h>
#include <stdlib.h>
typedef struct student{
     long int num;
     char name[10];
     int age;
     char sex;
     char address[30];
} ST;
int main(){
     ST s[10]={2004200,"AAA",20,'F',"AAAAAAA",
               2004201,"BBB",20,'M',"BBBBBBB",
               2004202,"CCC",21,'F',"CCCCCCC",
               2004203,"DDD",19,'M',"DDDDDDD",
```

```
                 2004204,"EEE",20,'F',"EEEEEEE",
                 2004205,"FFF",17,'F',"FFFFFFF",
                 2004206,"GGG",20,'F',"GGGGGGG",
                 2004208,"HHH",22,'M',"HHHHHHH",
                 2004209,"III",23,'F',"IIIIIII"};
    ST t;
    FILE *fp;
    if((fp=fopen("c:\\student.dat","wb+"))==NULL){
        printf("cann't open file!\n");
        exit(-1);
    }
    fwrite(s,sizeof(ST),10,fp);
    rewind(fp);
    while(!feof(fp)){
        fread(&t,sizeof(ST),1,fp);
        if(t.num>2004202&&t.num<2004214)
            printf("%d,%s,%c,%d,%s\n",t.num,t.name,t.sex,t.age,t.address);
    }
    fclose(fp);
    return 0;
}
```

12-11 答案:

```
#include <stdio.h>
#include <stdlib.h>
int main(){
    char tr[17]="0123456789ABCDEF";
    FILE *fp;
    char file[20],hexStr[3]={0};
    char mode,tem;
    puts("输入文件名(包括磁盘路径)及存储方式(t 文本、b 二进制)");
    scanf("%s %c",file,&mode);
    if(mode=='b')
        fp=fopen(file,"rb");
    else
        fp=fopen(file,"r");
    if(fp==NULL){
        puts("error");
        exit(-1);
    }
    if(mode=='b'){
        while(!feof(fp)){
            fread(&tem,1,1,fp);
            hexStr[1]=tr[tem%16];
            hexStr[0]=tr[tem/16];
            printf("%3s",hexStr);
        }
    }
```

```
        else{
            while(!feof(fp)){
                tem=fgetc(fp);
                printf("%3c",tem);
            }
        }
        printf("\n");
        fclose(fp);
    }
```

12-12 答案：

```
#include <stdio.h>
int main(){
    FILE  *fp;
    int num,oldNum[100],i,n;
    printf("输入一个整数：\n");
    scanf("%d",&num);
    fp=fopen("d:\\num.dat","r");
    if(fp==NULL){//第 1 次打开文件
        fp=fopen("d:\\num.dat","w");
        if(fp==NULL){
            printf("文件创建失败\n");
            return 0;
        }
        else
            fprintf(fp,"%d\n",num);//写入第 1 个数
    }
    else{//读取旧数据到数组
        n=0;
        while(!feof(fp)){
            fscanf(fp,"%d",&oldNum[n]);
            n++;
        }
        n--;//修正长度
        fclose(fp);
        i=n-1;
        while(i>=0 && oldNum[i]>num){//找到插入位置
            oldNum[i+1]=oldNum[i];//后面元素后移
            i--;
        };
        oldNum[i+1]=num;//插入数据
        n++;//增加了一个数据，长度加 1
        fp=fopen("d:\\num.dat","w");//打开写入新数据
        if(fp==NULL){
            printf("文件创建失败\n");
            return 0;
        }
        i=0;
```

```
        while(i<n){//写入插入后的数组
            fprintf(fp,"%d\n",oldNum[i]);
            i++;
        }
        fclose(fp);
    }
}
```

附录 B 部分实验答案解析

实验 2 数据类型与输入/输出

1. 解析：a 为字符型，只能保存 1 个字节数据，b 为短整型，只能保存 2 个字节数据，因此多出部分将被丢弃。

2. 解析：ch1 读取字符'a'（ASCII 码为 97），ch2 读取换行符'\n'（ASCII 码为 10）。

实验 3 运算符与表达式

1. 解析：注意运算符优先级%高于+，–高于<<高于^。

4. 解析：printf("%d,%f\n",f,f);数据输出错误，原因在于"f,f"在函数调用数据压栈时，都是转换为双精度压栈的，这就是为什么 printf 用%f 和%lf 没有区别的原因，也就是每个数占 8 个字节。而%d 只输出第 1 个 f 的前 4 个字节，后面的%f 输出了前一个 f 的后 4 个字节与后一个 f 的前 4 个字节，因此出错。

6. 解析：先计算 a*a，结果为 36，此时的 a 仍然为 6，然后执行 a–=36，表达式的值为 –30，同时 a 变为–30，再执行 a+= –30，结果为–60。

7. 解析：由于逻辑运算的短路规则，b=a++&&c++中，因为 a++为 0，所以导致 c++不执行，而 a 变为 1，后面 d=a++||++c 中，因为 a++为 1，所以++c 也没有执行。

实验 4 顺序结构程序设计

4. 解析：注意 getchar()只能读取单个字符，当输入 27 时，ch1 得到的是字符'2'（ASCII 码为 50），ch2 得到的是字符'7'（ASCII 码为 55）；当输入 2 空格 7 时，ch1 得到的是字符'2'，ch2 读到的是空格（ASCII 码为 32），后面输出为%d，输出的是数值。

实验 7 循环结构程序设计（二）

6. 解析：前一项分母为 t 时，后一项分母为 sqrt(2+t)，由此形成迭代关系。

12. 答案：

```
#include "stdio.h"
int main(){
    int n,i;
    scanf("%d",&n);
    printf("%d=1",n);
    i=2;
```

```
while(i<=n){
    while(n%i==0){
        printf("*%d",i);
        n/=i;
    }
    i++;
}
printf("\n");
}
```

13. 答案:

```
#include <stdio.h>
int main(){
    int n,a,b,c,t,max,min;
    scanf("%d",&n);
    while(n!=495){
        a=n/100;
        b=n/10%10;
        c=n%10;
        //对a、b、c从大到小排序
        if(a<b){t=a;a=b;b=t;}
        if(a<c){t=a;a=c;c=t;}
        if(b<c){t=b;b=c;c=t;}
        max=a*100+b*10+c;
        min=c*100+b*10+a;
        n=max-min;
        printf("%d-%d=%d\n",max,min,n);
    }
}
```

实验 10 字符串

13. 答案:

```
#include <stdio.h>
int main(){
    char t[17]="0123456789ABCDEF";
    char a[33];//最多32位二进制数
    int i,n,k,r;
    for(i=0;i<32;i++)a[i]=' ';//赋空格
    a[32]=0;
    scanf("%d%d",&n,&k);//把n变为k进制数
    i=31;//从a[31]倒序存放
    while(n>0){
        r=n%k;
        a[i--]=t[r];
        n/=k;
    }
```

```
        puts(a);
    }
```

14. 答案：

```
#include <stdio.h>
int main(){
    char a[60],word[60];
    int i,nb,nl,mb,ml,wordBegin=1;
    //当前单词开始位置、长度，最长单词开始位置、长度
    gets(a);
    i=nb=mb=nl=ml=0;
    for(i=0;a[i]!='\0';i++){
        if(a[i]==' '){
            if(wordBegin)wordBegin=0;
            if(nl>ml){
                mb=nb;
                ml=nl;
            }
        }
        else{
            if(!wordBegin){
                wordBegin=1;
                nb=i;
                nl=1;
            }
            else nl++;
        }
    }
    if(nl>ml){//可能最后一个单词最长
            mb=nb;
            ml=nl;
    }
    for(i=0;a[mb+i]!='\0'&&i<ml;i++)word[i]=a[mb+i];
    word[i]='\0';
    puts(word);
}
```

实验 12   指针（二）（选做）

5. 答案：month[i]

6. 答案：**pp,(*q)[3]

10. 答案：

```
for(i=0;i<5;i++)p[i]=a[i];
for(i=0;i<4;i++)
for(j=i+1;j<5;j++)
    if(strcmp(p[i],p[j])>0){
```

```
            t=p[i];
            p[i]=p[j];
            p[j]=t;
        }
```

11. 答案：

```
for(i=0;i<n;i++){
    pp[i]=(char *)malloc(20*sizeof(char));
    gets(pp[i]);
}
for(i=0;i<n-1;i++)
    for(j=i+1;j<n;j++)
        if(strcmp(pp[i],pp[j])>0){
            t=pp[i];
            pp[i]=pp[j];
            pp[j]=t;
        }
```

12. 答案：

```
mp=a;
for(p=a+1;p-a<10;p++)
    if(strlen(*p)>strlen(*mp))mp=p;
```

实验 14　函数（二）

1. 解释：fun()函数返回值为全局变量&n，因此*fun 就是变量 n。

实验 15　综合程序设计练习（二）

5. 答案：

```
int i;
for(i=0;i<len &&s[i+start]!='\0';i++)
    b[i]=s[i+start];
b[i]=0;
return b;
```

6. 答案：

```
#include <stdio.h>
int strcmp(char a[],char b[]){
    while(*a && *b && *a==*b){a++;b++;}
    return *a-*b;
}
int main(){
    char a[60],b[60];
    gets(a);
    gets(b);
```

```
        printf("%d\n",strcmp(a,b));
    }
```

7. 答案：

```
    #include <stdio.h>
    int find(char in[],char look[],int start){
        int i=start,j;
        while(in[i]){
            j=0;
            while(look[j]&&in[i+j]==look[j])j++;
            if(look[j]=='\0')return i;
            i++;
        }
        return -1;
    }
    int main(){
        char a[60],b[60];
        int start;
        scanf("%s %s %d",a,b,&start);
        printf("%d\n",find(a,b,start));
    }
```

8. 答案：

```
    #include <stdio.h>
    int main(){
        int dr=0,ln,k=1,n,i=0,j;
        int a[10][10]={0},cr=0;
        scanf("%d",&n);
        while(k<=n*n){
            i=j=cr;
            while(j<n-cr)a[i][j++]=k++;
            j--;i++;
            while(i<n-cr)a[i++][j]=k++;
            i--;j--;
            while(j>=cr)a[i][j--]=k++;
            j++;i--;
            while(i>cr)a[i--][j]=k++;
            cr++;
        }
        for(i=0;i<n;i++){
            for(j=0;j<n;j++)
                printf("%4d",a[i][j]);
            printf("\n");
        }
    }
```

9. 答案：

```
    char *p,t;
    while(*s){
```

```
            p=s;
            if(*p&0x80){                    //汉字
                t=*p;
                *p=*(p+1);
                *(p+1)=t;
                s+=2;
            }else                           //非汉字
                s++;
        }
```

10. 答案:

```
#include <stdio.h>
#include <time.h>
char* nowTime(char dateTime[]){
    int m[12]={31,28,31,30,31,30,31,31,30,31,30,31};
    int year=1970,month=1,day=1,hour,minute,second,i,days,seconds;
     seconds=time(NULL);
    days=seconds/3600/24;                   //天数
    hour=seconds/3600%24+8;                 //时+时区差
    minute=seconds/60%60;                   //分
    second=seconds%60;                      //秒
    while(days>366){
        if(year%4==0&&year%100!=0||year%400==0)days-=366;
        else days-=365;
        year++;
    }
    if(days==365&&(year%4==0&&year%100!=0||year%400==0)){
        days-=365;
        year++;
    }
    i=0;
    while(days>m[i]){
        days-=m[i];
        if(i==1&&(year%4==0&&year%100!=0||year%400==0))days--;//闰年2月
        month++;
    }
    day+=days;
    dateTime[19]='\0';
    dateTime[18]=second%10+'0';
    dateTime[17]=second/10+'0';
    dateTime[16]=':';
    dateTime[15]=minute%10+'0';
    dateTime[14]=minute/10+'0';
    dateTime[13]=':';
    dateTime[12]=hour%10+'0';
    dateTime[11]=hour/10+'0';
    dateTime[10]=' ';
    dateTime[9]=day%10+'0';
```

```c
        dateTime[8]=day/10+'0';
        dateTime[7]='-';
        dateTime[6]=month%10+'0';
        dateTime[5]=month/10+'0';
        dateTime[4]='-';
        dateTime[3]=year%10+'0';
        dateTime[2]=year/10%10+'0';
        dateTime[1]=year/100%10+'0';
        dateTime[0]=year/1000+'0';
        return dateTime;
    }
    int main(){
        char dateTime[20];
        printf("%s\n",nowTime(dateTime));
    }
```

11. 答案：

```c
    #include <stdio.h>
    void daxieRMB(double m,char dx[],int len){
        char t[][3]={"元","拾","百","千","万","拾","百","千","亿","拾","百","千"};
        char r[][3]={"角","分"};
        char w[][3]={"零","壹","贰","叁","肆","伍","陆","柒","捌","玖"};
        int n=(int)m,loc=len-2,a,i;
        double d=m-n;
        for(i=0;i<len-1;i++)dx[i]=' ';
        dx[len-1]=0;
        if((int)(d*100)%10!=0){        //有分
            dx[loc--]=r[1][1];
            dx[loc--]=r[1][0];
            a=(int)(d*100)%10;
            dx[loc--]=w[a][1];
            dx[loc--]=w[a][0];
        }
        if((int)(d*10)!=0){            //有角
            dx[loc--]=r[0][1];
            dx[loc--]=r[0][0];
            a=(int)(d*10);
            dx[loc--]=w[a][1];
            dx[loc--]=w[a][0];
        }
        i=0;
        if(n>0){
            while(n>0){
                a=n%10;
                if(n>0 && i%4==0||a>0){
                    dx[loc--]=t[i][1];
                    dx[loc--]=t[i][0];
                }
                if(a>0){
```

```
                        dx[loc--]=w[a][1];
                        dx[loc--]=w[a][0];
                    }
                    if(a==0&&!(dx[loc+1]==w[0][0]&&dx[loc+2]==w[0][1])  //零
                        && !(dx[loc+1]==t[0][0]&&dx[loc+2]==t[0][1])    //元
                        && !(dx[loc+1]==t[4][0]&&dx[loc+2]==t[4][1])    //万
                        && !(dx[loc+1]==t[8][0]&&dx[loc+2]==t[8][1])){  //亿
                        dx[loc--]=w[0][1];          //加零
                        dx[loc--]=w[0][0];
                    }
                    n/=10;
                    i++;
                }
            }
        }
int main(){
    double m;
    char r[80];
    scanf("%lf",&m);
    if(m>2000000000)printf("超出范围");
    else {
        daxieRMB(m,r,80);
        puts(r);
    }
}
```

实验 17 链表（选做）

4. 答案：

```
&b
&c
NULL
```

5. 答案：

```
LN *
LN *
q
r
NULL
```

6. 答案：

```
a.link=&b;
b.link=&c;
c.link=&a;
```

7. 答案：

```
c
n
NULL
```

8. 见 15 题完整代码

9. 见 15 题完整代码

10. 见 15 题完整代码

11. 见 15 题完整代码

12. 见 15 题完整代码

13. 见 15 题完整代码

14. 见 15 题完整代码

15. 答案：

```c
//完整代码
#include <stdio.h>
#include <stdlib.h>
struct LinkNode{
    char ch;
    struct LinkNode *link;
};
typedef struct LinkNode LN;
LN* CreateLink(char *s){
    LN *head,*p,*n;
    p=head=(LN *)malloc(sizeof(LN));//头节点
    while(*s!='\0'){
        //补充代码
        n=(LN *)malloc(sizeof(LN));
        n->ch=*s;
        p->link=n;
        p=p->link;
        s++;
    }
    p->link=NULL;
    return head;
}
void ShowLink(LN * head){
    LN *p;
    p=head->link;
    //补充代码
    while(p){
        putchar(p->ch);
        p=p->link;
    }
    putchar('\n');
}
int DelNode(LN * head,char delChar){
    LN *p,*q;
    q=head;
    p=head->link;
    while(p&&p->ch!=delChar){
```

```
            q=p;
            p=p->link;
        }
        if(p){
            q->link=p->link;
            free(p);
            return 1;
        }
        return 0;
    }
int Insert (LN * head,char Loc,char data){
        LN *p,*n;
        n=(LN*)malloc(sizeof(LN));
        n->ch=data;
        p=head->link;
        while(p&&p->ch!=Loc)p++;
        if(p){
            n->link=p->link;
            p->link=n;
            return 1;
        }
        return 0;
    }
int InsertBefore(LN * head,char Loc,char data){
        LN *p,*q,*n;
        n=(LN*)malloc(sizeof(LN));
        n->ch=data;
        q=head;
        p=head->link;
        while(p&&p->ch!=Loc){
            q=p;
            p=p->link;
        }
        if(p){
            n->link=p;
            q->link=n;
            return 1;
        }
        return 0;
    }
void InsertBeforeBig(LN *head,char data){
        LN *p,*n,*q;
        p=head->link;
        q=head;
        while(p!=NULL && data>p->ch){
            q=p;
            p=p->link;
```

```
        }
        n=(LN*)malloc(sizeof(LN));
        n->ch=data;
        n->link=p;
        q->link=n;
    }
LN * MakeSortLink(LN * head){
    LN *h,*p,*n,*q,*qf;
    h=(LN*)malloc(sizeof(LN));
    h->link=NULL;
    p=head->link;
    while(p){
        n=(LN*)malloc(sizeof(LN));
        n->ch=p->ch;
        q=h->link;
        qf=h;
        while(q && q->ch<p->ch){
            qf=q;
            q=q->link;
        }
        qf->link=n;
        n->link=q;
        p=p->link;

    }
    return h;
}
void SortLink(LN * head){
    LN *p,*q,*qf,*t;
    p=head->link;
    head->link=NULL;
    while(p){
        qf=head;
        q=head->link;
        t=p;
        p=p->link;
        while(q!=NULL&&t->ch>q->ch){
            qf=q;//B t N p q.J K L
            q=q->link;
        }
        qf->link=t;
        t->link=q;
    }
}
void FreeLink(LN *head){
    LN *p,*q;
    p=head;
```

```
        while(p){
            q=p->link;
            free(p);
            p=q;
        }
    }
    int main(){
        char str[50]="BNMJKL";
        LN *head,*heads;
        gets(str);//输入 BNMJKL
        head=CreateLink(str);puts("CreateLink(str)");ShowLink(head);
        DelNode(head,'M');puts("DelNode(head,'M')");ShowLink(head);
        Insert(head,'N','q');puts("Insert(head,'N','q');");
            ShowLink(head);
        InsertBefore(head,'N','t');
            puts("InsertBefore(head,'N','t')");ShowLink(head);
        InsertBeforeBig(head,'p');  puts("InsertBeforeBig(head,'p')");
            ShowLink(head);
        heads=MakeSortLink(head);   puts("MakeSortLink(head)");
            ShowLink(heads);
        SortLink(head); puts("SortLink(head)"); ShowLink(head);
        FreeLink(head);
        FreeLink(heads);
    }
```

实验 19　文件

2. 答案:

```
    fopen("c:\\f2.txt","w")
    fp
    fp
```

3. 答案:

```
    fopen("c:\\f1.txt","r")
    fputc
    fclose(fpT);
```

4. 答案:

```
    fwrite(a,sizeof(ST),5,fp);
    fread(b,sizeof(ST),5,fp);
```

6. 答案:

```
    fprintf(fp,"%d %d %d ",a,b,c);//格式控制符间增加空格
```

7. 答案:

```
    #include <stdio.h>
    #include <stdlib.h>
```

```
int main(){
    char i;
    FILE  *fp;
    if((fp=fopen("C:\\f5.txt","w"))==NULL){
        puts("文件打开错误");
        exit(0);
    }
    for(i=0;i<26;i++){
        fputc(i+'A',fp);
        fputc(i+'a',fp);
    }
    fclose(fp);
}
```

8. 答案：

```
#include <stdio.h>
#include <stdlib.h>
int main(){
    char i;
    FILE  *fp;
    if((fp=fopen("C:\\f5.txt","r"))==NULL){
        puts("文件打开错误");
        exit(0);
    }
    while(!feof(fp)){
        i=fgetc(fp);
        putchar(i);
    }
    fclose(fp);
}
```

9. 答案：

```
#include <stdio.h>
#include <stdlib.h>
#include <time.h>
int main(){
    int i,d;
    FILE  *fp;
    if((fp=fopen("C:\\f6.txt","w"))==NULL){
        puts("文件打开错误");
        exit(0);
    }
    srand(time(NULL));
    for(i=0;i<100;i++)fprintf(fp,"%d ",rand());
    fclose(fp);
    if((fp=fopen("C:\\f6.txt","r"))==NULL){
        puts("文件打开错误");
        exit(0);
```

```
        }
        while(!feof(fp)){
            fscanf(fp,"%d",&d);
            printf("%d ",d);
        }
        fclose(fp);
    }
```

10. 答案：

```
#include <stdio.h>
#include <stdlib.h>
struct studentType{
    char name[10];
    int age;
}a[10],b;
int main(){
    int i;
    FILE  *fp;
    for(i=0;i<10;i++)
        scanf("%s %d",a[i].name,&a[i].age);
    if((fp=fopen("C:\\f6.dat","wb+"))==NULL){
        puts("文件打开错误");
        exit(0);
    }
    fwrite(a,sizeof(struct studentType),10,fp);
    rewind(fp);
    while(!feof(fp)){
        fread(&b,sizeof(struct studentType),1,fp);
        printf("%s,%d\n",b.name,b.age);
    }
    fclose(fp);
}
```

11. 答案：

```
#include <stdio.h>
#include <stdlib.h>
struct studentType{
    char name[10];
    int age;
}b;
int main(){
    int i,recs=0;
    FILE  *fp;
    if((fp=fopen("C:\\f6.dat","rb"))==NULL){
        puts("文件打开错误");
        exit(0);
    }
    while(!feof(fp)){
```

```
        fread(&b,sizeof(struct studentType),1,fp);
        recs++;
    }
    i=1;
    while(i>0 &&i<recs){
        printf("input No between 1 ~ %d,other for quit\n",recs-1);
        scanf("%d",&i);
        if(i>0 && i<recs){
            fseek(fp,(i-1)*sizeof(struct studentType),SEEK_SET);
            fread(&b,sizeof(struct studentType),1,fp);
            printf("%s,%d\n",b.name,b.age);
        }
    }
    fclose(fp);
}
```

12. 答案：

```
#include <stdio.h>
#include <stdlib.h>
int main(){
    char s[1000],c;
    int i=0;
    FILE  *fp;
    if((fp=fopen("C:\\f7.txt","w+"))==NULL){
        puts("文件打开错误");
        exit(0);
    }
    do{
        c=getchar();
        s[i++]=c;
    }while(c!=-1);
    s[i]='\0';
    fputs(s,fp);
    rewind(fp);
    while(!feof(fp)){
        fgets(s,1000,fp);
        puts(s);
    }
    fclose(fp);
}
```

实验 20　二级 C 语言机试真题

1. 答案：

```
    while(*p) x = x*10-48+(*p++);
```

2. 解析：

第 1 处，要求是取出原字符串中所有数字字符组成一个新的字符串，程序中使用变量 j

来控制新字符串的位置，所以应改为 s[j++]=s[i]；。

第 2 处，结束标志符表示错误，所以应改为 s[j]='\0'；。

3．解析：本题是把二维数组中的字符数据按列存放到一个字符串中。

（1）计算存放到一维数组中的位置。

（2）取出二维数组中的字符存放到一维数组（已计算出的位置）中。

答案：

```
for(j = 0 ; j < M ; j++) {
    b[n] = s[j][i] ;
    n = i * M + j + 1;
}
```

4．解析：本题是练习从文件中读取数据，再把结构中的数据写入文件。

第 1 处，从指定的文件中读取数据，所以应填 filename。

第 2 处，读取文件 fp 的最后一条记录，所以应填 fp。

第 3 处，再把读取的记录写入文件 fp 指定的位置，所以应填 fp。

5．解析：本题是统计字符串中的单词数。

（1）利用 while 循环语句和指针变量，当字符为空格时，单词数 k 加 1。

（2）循环结束返回 k。

答案：

```
int k = 1 ;
while(*s) {
    if(*s == ' ') k++ ;
    s++ ;
}
rcturn k ;
```

6．解析：本题是统计各年龄段的人数。

（1）初始化各年龄段人数为 0。

（2）使用 for 循环，以及求出各年龄的十位数字作为存放人数的地址，如果值大于等于 10，则存入 d[10]（大于等于 100 岁的人）。

答案：

```
int i, j;
for(i = 0 ; i < M ; i++) b[i] = 0 ;
for(i = 0 ; i < N ; i++) {
    j = a[i] / 10 ;
    if(j > 10) b[M - 1]++ ; else b[j]++ ;
}
```

7．解析：本题是删除已排序数组中的相同数。

（1）取出数组中的第 1 个数，存放在临时变量 k 中，再利用 for 循环依次判断所有的数。

（2）取出的数和 k 相比，若不相同，则仍存放在原数组中，其中存放的位置由 j 来控制，接着把这个数重新存入 k；若相同，则取下一个数。

8．解析：本题是根据给定的公式来计算函数的值。

第 1 处，程序中使用双精度 double 类型进行计算，所以函数的返回值类型也为 double，应填 double。

第 2 处，当 i 等于 1 时，返回 f1 函数的值，所以应填 f1。

第 3 处，当 i 不等于 1 时，返回 f2 函数的值，所以应填 f2。

9．解析：

第 1 处，要求返回字符串的首地址，所以应改为 char *fun(char *s,char *t)。

第 2 处，要取字符串指针 ss 的下一个位置，所以应改为 ss++;。

第 3 处，要取字符串指针 tt 的下一个位置，所以应改为 tt++;。

10．解析：

第 1 处，外循环每循环一次，把当前 i 赋给 m，所以应改为 m=i;。

第 2 处，通过内循环来找出最大数的位置 k，所以应改为 if(a[k]>a[m]) m=k;。

11．解析：本题是要获取一个符合要求的无符号整数。用 if 条件语句首先判断给出的数是几位数，再除以相应的值，最后得出的余数就是结果。

答案：

```
if(w>10000) w %= 10000;
else if(w>1000) w %= 1000;
else if(w>100) w %= 100;
else if(w>10) w %=10;
return w;
```

12．解析：本题是练习使用链表的方法。使用两重 while 循环语句，对链表的节点数据进行升序排列。

第 1 处，由于外循环变量使用 p 指针，内循环变量使用 q 指针，所以 q 指针必须指向 p 的 next 指针，因此应填 p.next。

第 2 处，判断内循环 q 指针是否结束，所以应填 q。

第 3 处，外循环控制变量 p 指向自己的 next 指针，所以应填 p.next。

13．解析：

第 1 处，将行变量 row 和列变量 colum 的值初始化为 0。

第 2 处，两个条件只要有一个不满足，就返回 0，所以应填 ||。

第 3 处，若矩阵是"幻方"，则返回 1。

14．解析：

第 1 处，程序中子串是由变量 t 实现的，再根据下面 while 循环体中语句，所以应改为 r=t;。

第 2 处，是判断相等的条件，所以应改为 if(*r==0)。

15．解析：本题的目的是掌握字符串的相关操作。使用 for 循环及函数 strcat()依次连接字符串。

答案：

```
for(i = 0 ; i < M ; i++)
strcat(b, a[i]) ;
```

16．解析：本题用函数指针指向要调用的函数。

第 1 处，定义函数指针的类型，所以应填 double。

第 2 处，使 f 指向函数 f1()，所以应填 f1。

第 3 处，使 f 指向函数 f2()，所以应填 f2。

17. 解析：

第 1 处，函数应使用圆括号，所以应改为 n=strlen(aa);。

第 2 处，变量 c 没有定义，但后面使用的是 ch 变量，所以应改为 ch=aa[i];。

18. 解析：

第 1 处，利用 for 循环语句取当前字符串的长度，所以应填 ss[i]。

第 2 处，在字符串的右侧填写字符*，其开始位置是 n+j，n 是该字符串本身的长度，j 是循环控制变量，所以应填 n+j。

第 3 处，字符串处理结束应置字符串结束标志符，其位置是 n+j+1，所以应填 1。

20. 解析：

第 1 处，语句后缺少分号，所以应改为 q=p+i;。

第 2 处，保留字 while 写错，所以应改为 while(q>p)。

实验 21　综合程序设计练习（三）

6. 答案：

```
#include <stdio.h>
#include <stdlib.h>
#include <time.h>
int maxLen=0;
typedef struct nodeType{
    int index;
    int path;          //自身1+通过路径数量，用来标识节点是否可以释放
    struct nodeType *pre;
}node;
typedef struct endNodeType{
    int steps;
    struct endNodeType *pre;
    node *pnode;
}endNode;
endNode *pn=NULL;
int ct=0;
void putInTrace(node *pnode,int steps){//放入新节点
    endNode *np;
    np=(endNode *)malloc(sizeof(endNode));
    np->pnode=pnode;
    np->steps=steps;
    np->pre=pn;
    pn=np;
    if(++ct%100==0)printf("(%d,%d,%d)",ct/100,pn->steps,pn->pnode->index);
}
void printTrace(int num[]){
```

```
        endNode *np,*qe;
        int list[100000],maxLen=pn->steps;
        node *p,*q;
        int i;
        np=pn;          //终点链表起点
        printf("长度%d\n",maxLen);
        while(np!=NULL && np->steps==maxLen){    //可改为全部输出
            p=np->pnode;
            i=0;
            while(p!=NULL){
                list[i++]=p->index;                    //序号倒序进数组
                q=p;
                p=p->pre;
                q->path--;                             //经过一遍，路径-1
                if(q->path==1)free(q);
            }
            i--;
            while(i>=0)printf("%d,",num[list[i--]]);
            printf("\n");
            qe=np;
            np=np->pre;
                free(qe);
        }
}
int longest_Increasing(int num[],int arrayLen,int Nindex,int steps,node *preNode){
    int i,foundNext,save=0,r;
    node *p;
    p=(node *)malloc(sizeof(node));        //连入本节点
    p->pre=preNode;
    p->index=Nindex;
    p->path=0;                      //自身1+通过路径数量，用来标识节点是否可以释放
    if(maxLen<steps)maxLen=steps;        //发现新最大长度
    if(steps+(arrayLen-Nindex)<maxLen)return 0;
    if(Nindex<arrayLen-1){                  //后面还有元素，递归增加
        foundNext=0;
        for(i=Nindex+1;i<arrayLen;i++){
            if(num[i]>num[Nindex]){
                r=longest_Increasing(num,arrayLen,i,steps+1,p);
                foundNext+=r;                //有效子节点个数
            }
        }
        if(foundNext)p->path+=foundNext+1;  //中间节点自身算1+子路径数量
        if(pn==NULL||!foundNext&&steps>=maxLen &&(pn!=NULL&&steps>=
            pn->steps)){
```

```
                    putInTrace(p,steps);        //无子节点，链表最长，进输出链表
                    p->path++;                  //终端进链节点自身算1
                    return 1;
                }
        }else//末尾元素
            if(pn==NULL||steps>=maxLen && (pn!=NULL&&steps>=pn->steps)){
                putInTrace(p,steps);            //递归终点且链表最长，进输出链表
                p->path++;                      //自身的1，用来区别需要释放的变量
                return 1;
            }
        if(0==p->path){                         //既无子分支，自身又未进输出链表
            free(p);                            //无效分支
            return 0;
        }else return p->path;
}
int main(){
    int num[100000];
    int n=10,i,max,j,p,cont=1;
    while(cont==1){
        maxLen=0;
        pn=NULL;
        ct=0;
        printf("\n 请输入数列数 n，然后按回车键，将会为您自动生成 n 个数：");
        scanf("%d",&n);//输入数据数量
        srand((unsigned) time(NULL)); //用时间作种子，每次产生的随机数不一样
        i=0;
        while(i<n){
            p=rand();
            for(j=0;j<i;j++)
                if( p==num[j]) //检查是否重复
                    break;
                if(j>=i){
                    num[i]=p;   //不重复
                    i++;        //继续产生下一个
                }
        }
        printf("产生的随机数为：\n");
        for(i=0;i<n;i++)printf("%d ",num[i]);
            printf("\n 递归过程计时开始：");
        for(i=0;i<n;i++)
            longest_Increasing(num,n,i,1,NULL);
        printf("\n 结果序列为：\n");
        printTrace(num);
```

```
            printf("继续测试请输入 1，退出请输入 0\n");
            scanf("%d",&cont);
        }
    return 0;
}
```